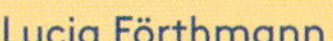
Lucia Förthmann

HEJ. BABYSCHÜHCHEN HÄKELN

Beliebte Schuhklassiker – Chucks, Sneakers, Boots und mehr

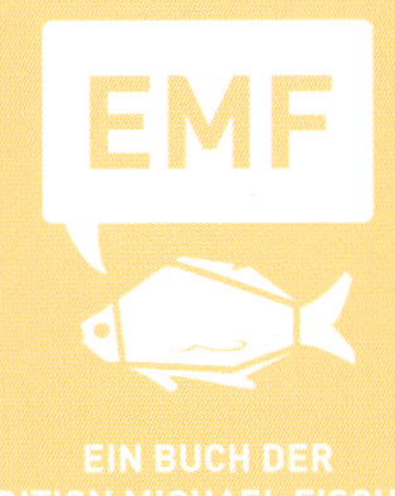

EIN BUCH DER
EDITION MICHAEL FISCHER

INHALT

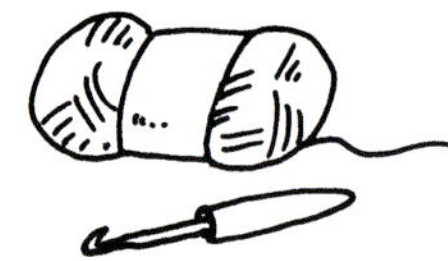

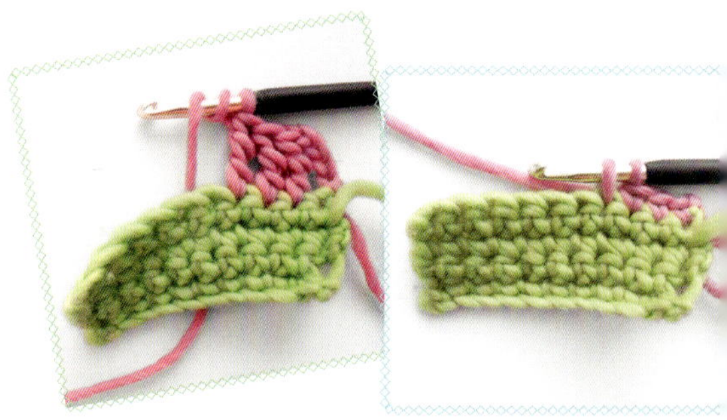

Für kleine Damen

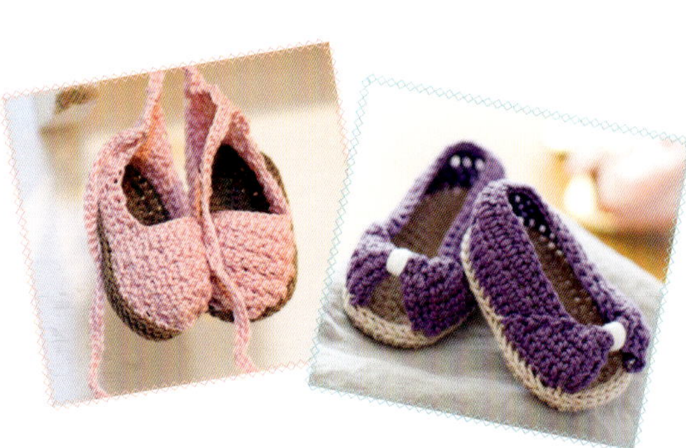

Jetzt wird's wild

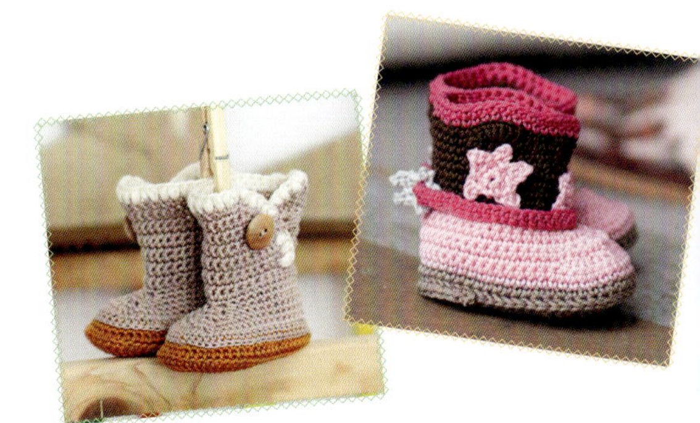

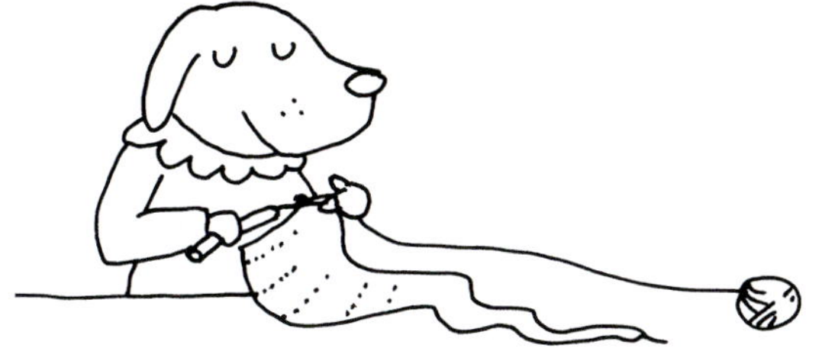

SPORTLICH & FRECH

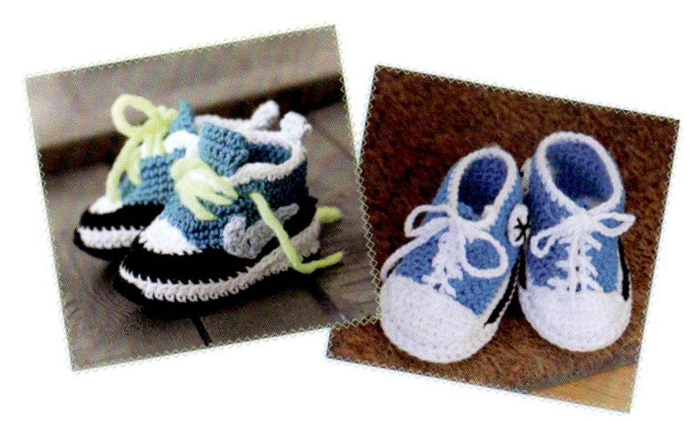

SOMMER, SONNE, SANDALENLAUNE

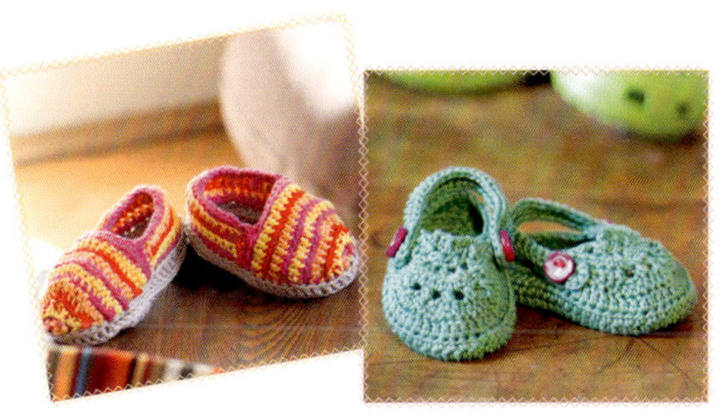

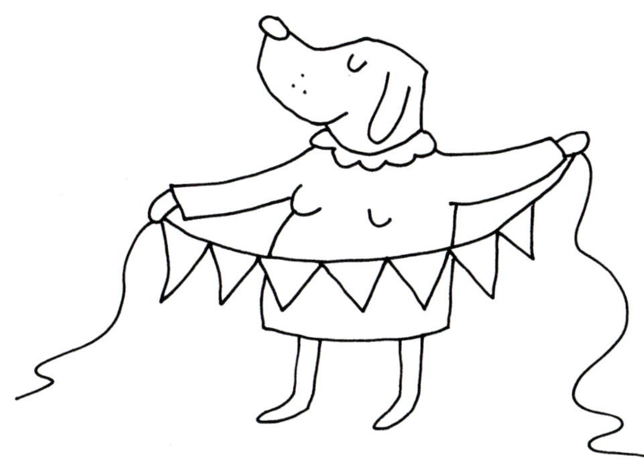

VORWORT

Ein Baby kündigt sich an. Die Schwangerschaft ist eine Zeit des Wachstums, der Vorbereitung und der Vorfreude. Insbesondere beim ersten Kind hat die werdende Mama oft noch „viel zu viel" Freizeit, macht sich tausend Gedanken um die Garderobe des Neuankömmlings und gegen Ende der Schwangerschaft wird manche Frau schon ziemlich ungeduldig.

Mir ist es damals in allen drei Schwangerschaften sehr ähnlich ergangen. Was liegt da näher, als einfach stundenlang im Wollgeschäft zu stöbern und später gemütlich im Sessel dem Baby ein ganzes Sortiment an Schühchen zu häkeln, in allen möglichen Farben, Variationen und Größen?

Mit diesem Buch möchte ich Ihnen einen kleinen Motivationsschub geben, um Ihrem Liebling Passendes zu Ihrem eigenen Schuhwerk zu zaubern. Im Partnerlook können Sie dann nach der Geburt einen glänzenden Auftritt hinlegen, ob elegant, sportlich oder leger. Sollten Sie noch nicht häkeln können, haben Sie noch neun lange Monate Zeit, es zu lernen, bevor sich erst einmal nur noch alles ums Baby dreht. Nutzen Sie die Zeit!

Sie sind selbst nicht schwanger? Na, dann greifen Sie erst recht zur Häkelnadel und machen Sie einer schwangeren Freundin zur Geburt ein mit Liebe handgemachtes Geschenk! Oder gleich zwei oder drei? Aber Vorsicht, es besteht akute Suchtgefahr!

Viel Spaß beim Häkeln wünscht Ihnen Ihre

Lucia Förthmann

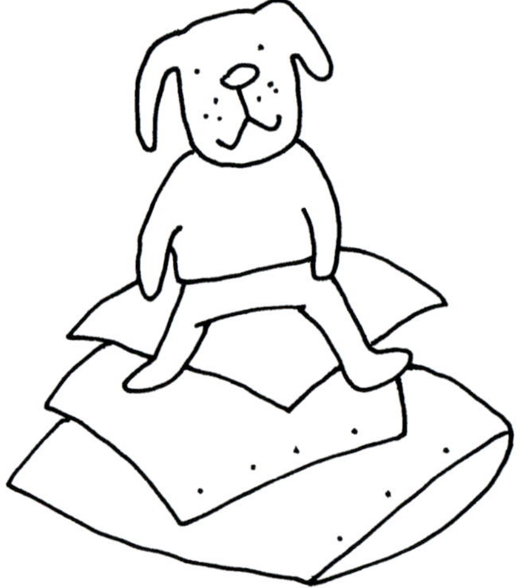

HÄKELGRUNDLAGEN

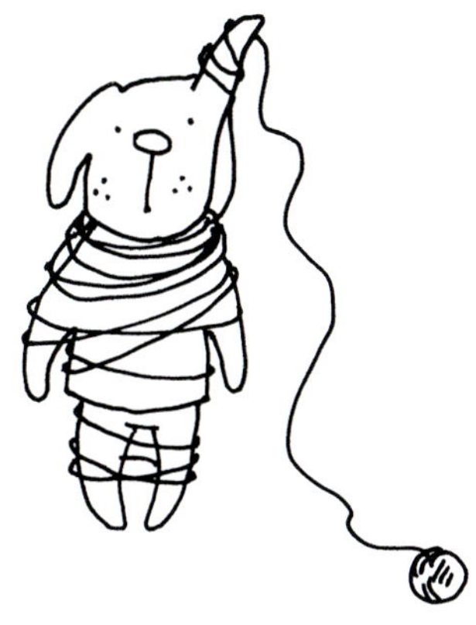

WIE BEGINNE ICH?

Je nach Anleitung beginnen Sie entweder mit einer Luftmaschenkette oder mit einem Magic-Ring.

DER MAGIC-RING

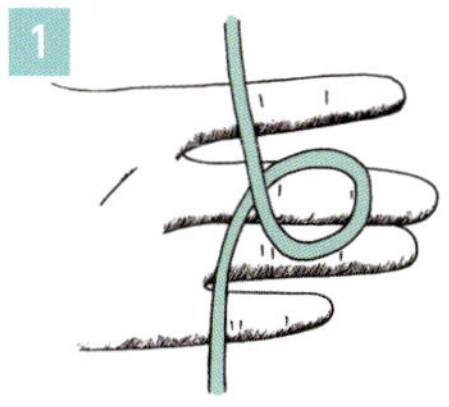

1. Bilden Sie mit dem Garn eine Schlaufe, wobei das Ende des Fadens nach unten zeigt. Legen Sie den Rest des Garns nach hinten über den Zeigefinger und fixieren Sie das Garn zwischen Ring- und Mittelfinger.

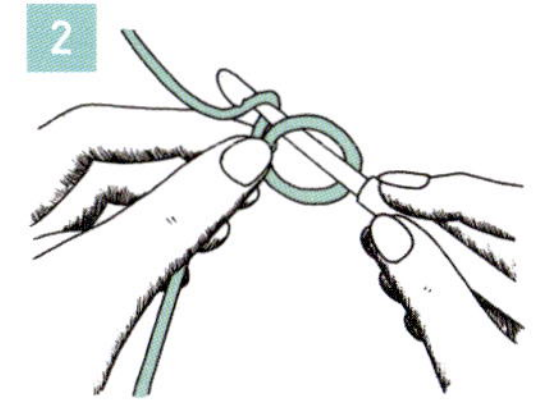

2. Halten Sie die Schlaufe mit dem Daumen und dem Zeigefinger fest, führen Sie die Nadel durch die Schlaufe, holen Sie den Faden und ziehen diesen durch die Schlaufe.

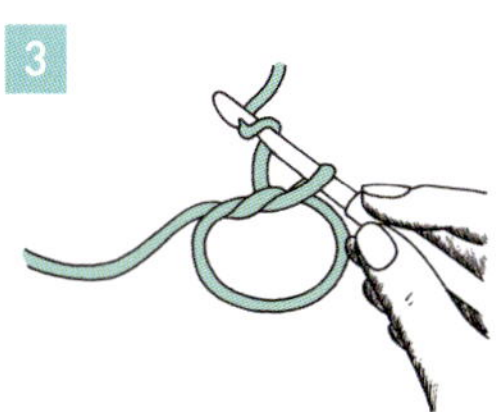

3. Holen Sie den Arbeitsfaden erneut und ziehen ihn durch die Schlinge. So wird der Ring fixiert.

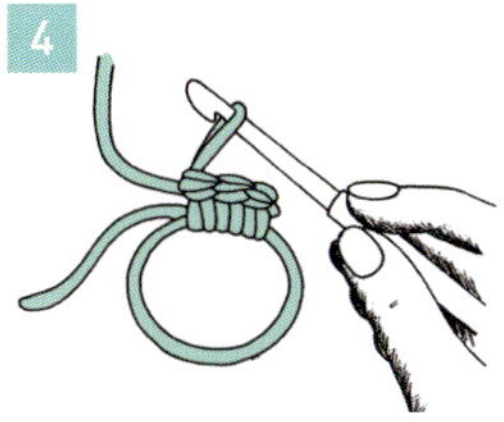

4. Anschließend können die Maschen direkt in den Ring gehäkelt werden. Ist die gewünschte Anzahl Maschen erreicht, wird der Anfangsfaden festgezogen, sodass sich der Ring zusammenzieht.

WICHTIG:

Wenn Sie einen Magic-Ring aus Stäbchen häkeln, arbeiten Sie zu Beginn der ersten Runde drei Luftmaschen. Diese zählen als erstes Stäbchen. Am Ende eine Kettmasche in die dritte Luftmasche des ersten Stäbchens häkeln.

Beim Erlernen des Magic-Rings haben Sie vier Fliegen mit einer Klappe geschlagen. Sie können nun Luftmaschen, feste Maschen, Kettmaschen und einen Magic-Ring häkeln. Zum späteren Nachschlagen der einzelnen Maschenarten werden diese nun noch einmal gesondert beschrieben:

Luftmasche (Lm)

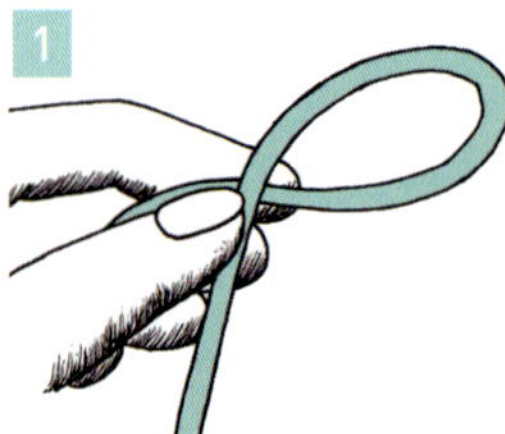

1. Legen Sie den Faden zu einer Schlinge und fixieren Sie ihn mithilfe Ihres Daumens und Zeigefingers. Der Arbeitsfaden befindet sich unten.

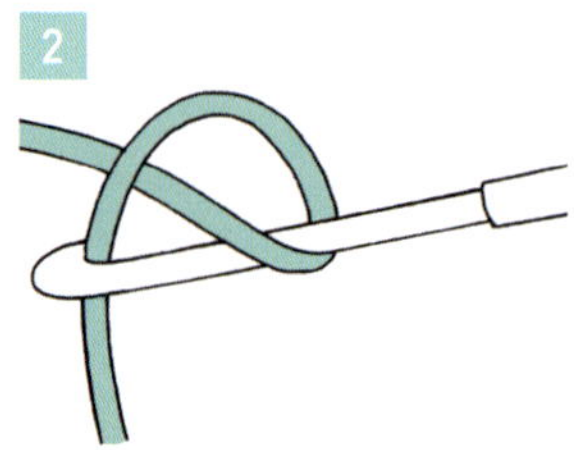

2. Stechen Sie nun mit der Nadel durch die Schlaufe und holen Sie den Faden durch die Öffnung.

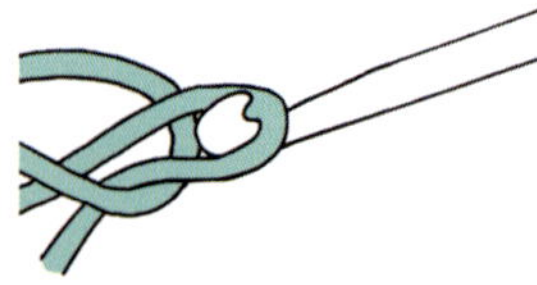

3. Ziehen Sie die so entstandene Schlaufe leicht fest, indem Sie an beiden Fäden, dem Fadenende und dem Arbeitsfaden, ziehen. So entsteht die Anfangsschlinge, in die Sie nun weitere Luftmaschen häkeln können.

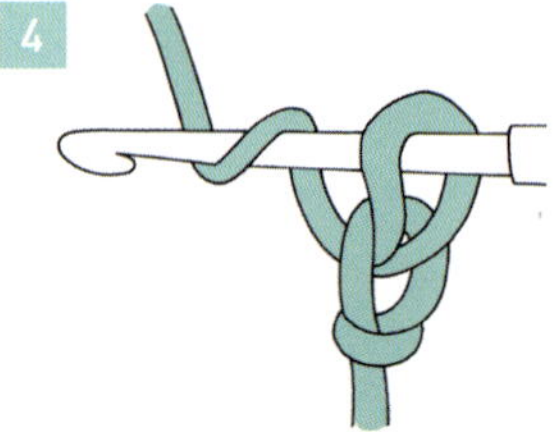

4. Um weitere Luftmaschen anzuschlagen, die Anfangsschlinge gut festhalten, mit der Nadel durch die Schlinge stechen, den Faden holen und wieder durch die Schlinge ziehen. So oft wie nötig wiederholen.

Kettmasche (Km)

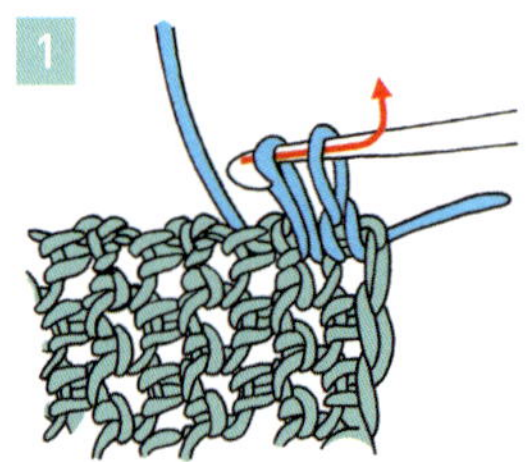

1. Kettmaschen sind sehr vielfältig. Sie werden nicht nur verwendet, um Kanten zu verzieren, mit ihnen schließt man auch Runden. Um eine Kante zu verzieren, schlingen Sie den Faden an einer Kante des Häkelstücks an. Stechen Sie unterhalb der Wendeluftmasche in die folgende Reihe ein, holen Sie den Faden zur Schlinge und ziehen ihn durch die Schlaufe.

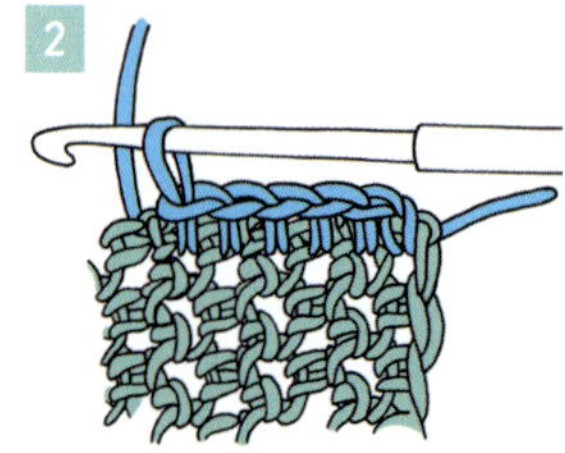

2. So sieht eine mit Kettmaschen verzierte Abschlusskante aus.

FESTE MASCHE (FM)

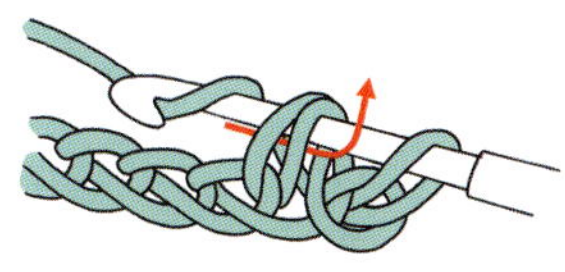

1. Stechen Sie mit der Nadel durch die zweite Masche ab der Nadel und holen Sie den Faden. Es befinden sich nun zwei Schlingen auf der Nadel.

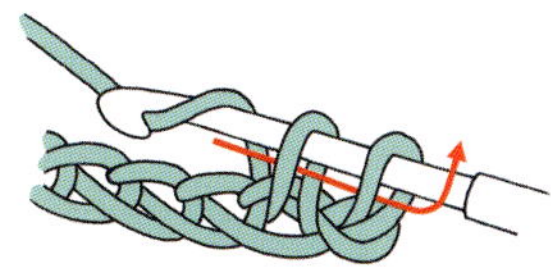

2. Holen Sie den Arbeitsfaden erneut und ziehen Sie ihn durch beide Schlingen auf der Nadel. Nun ist die erste feste Masche entstanden.

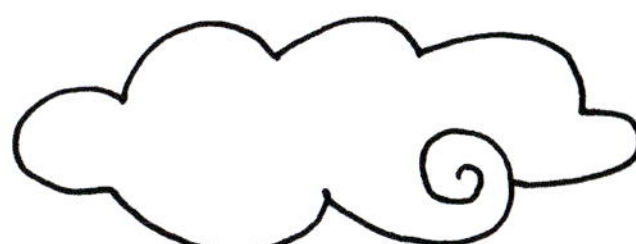

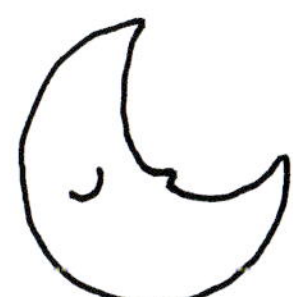

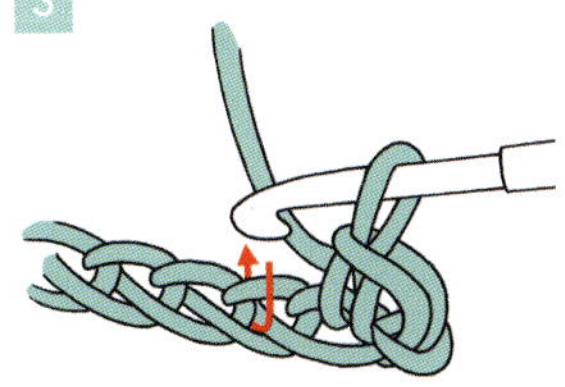

3. In die nächste Einstichstelle stechen und den Vorgang wiederholen.

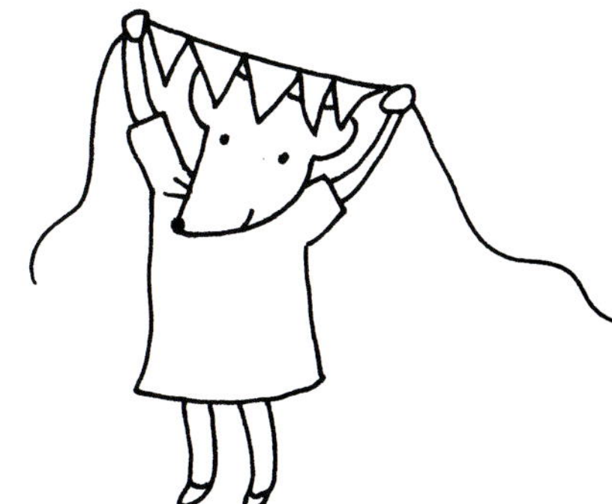

Stäbchen (Stb)

1

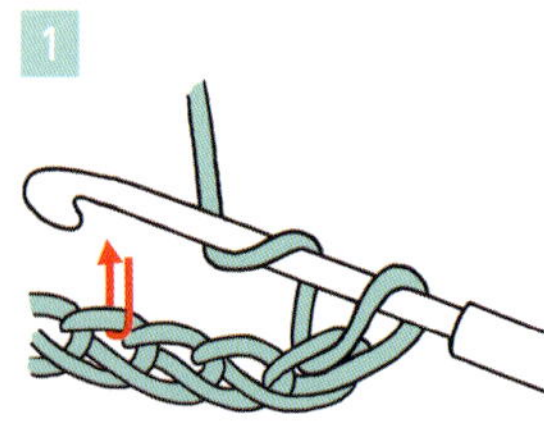

2

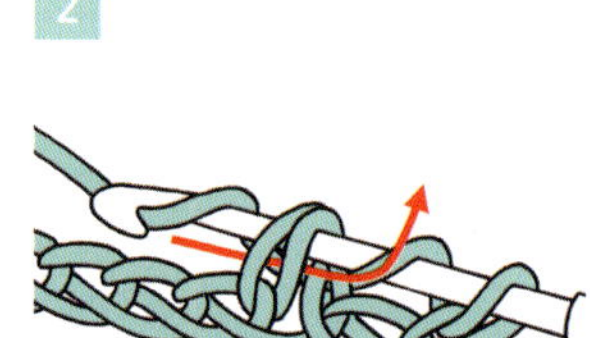

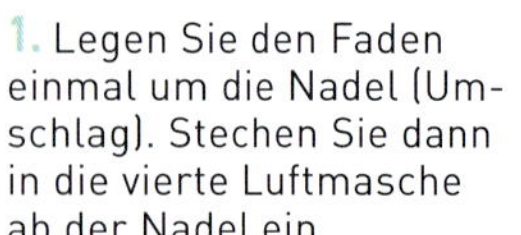

1. Legen Sie den Faden einmal um die Nadel (Umschlag). Stechen Sie dann in die vierte Luftmasche ab der Nadel ein ...

2. ... und holen den Faden. Es befinden sich nun drei Schlingen auf der Nadel.

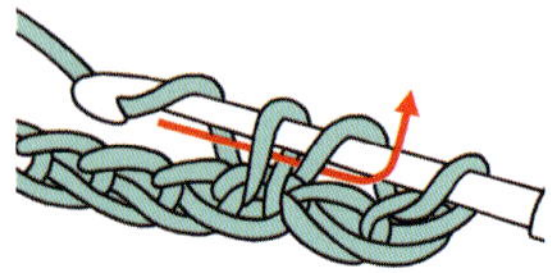

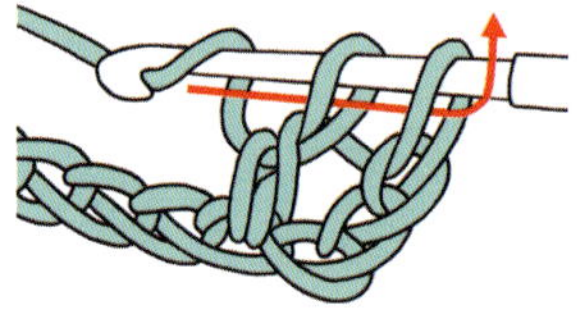

3. Holen Sie den Faden erneut und ziehen Sie ihn durch die ersten beiden Schlingen auf der Nadel. Es liegen nun noch zwei Schlingen auf der Nadel.

4. Den Faden wieder holen und durch die letzten beiden Schlingen ziehen. Nun ist das erste Stäbchen entstanden.

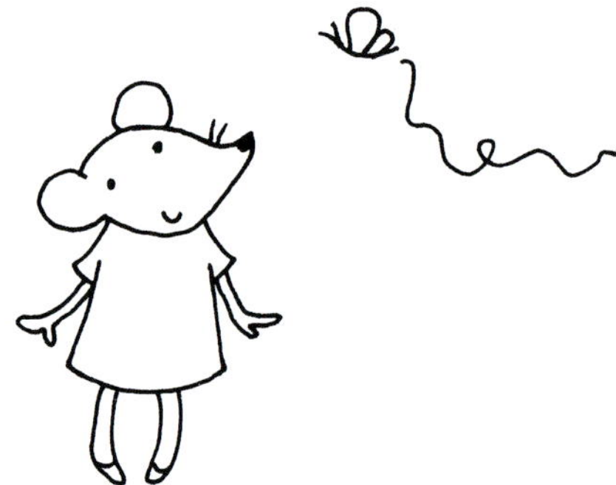

HALBES STÄBCHEN (HSTB)

1

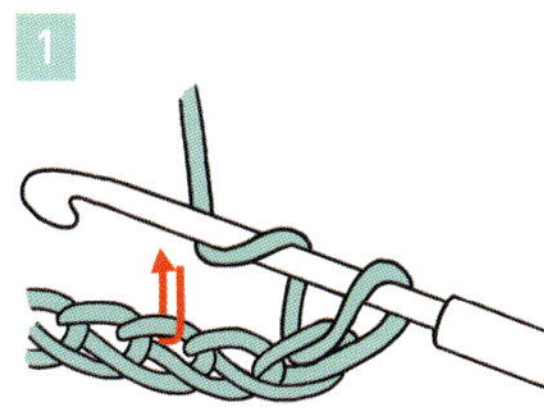

1. Legen Sie den Faden einmal um die Nadel (Umschlag). Stechen Sie dann in die dritte Luftmasche ab der Nadel ein ...

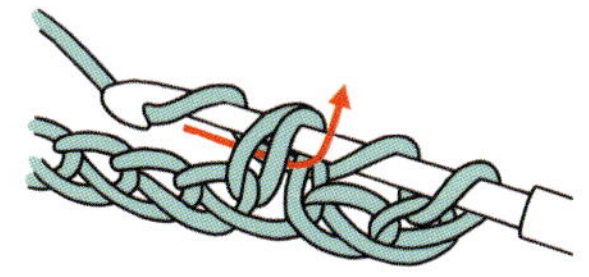

2. ... und holen Sie den Faden. Es befinden sich dann drei Schlingen auf der Nadel.

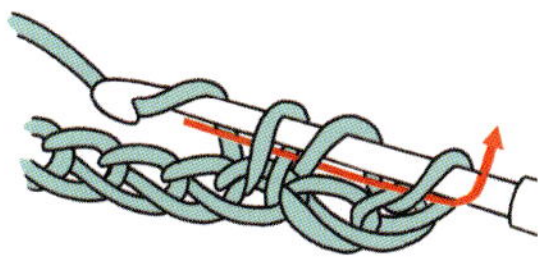

3. Holen Sie den Faden erneut und ziehen ihn durch alle drei auf der Nadel befindlichen Schlingen.

4

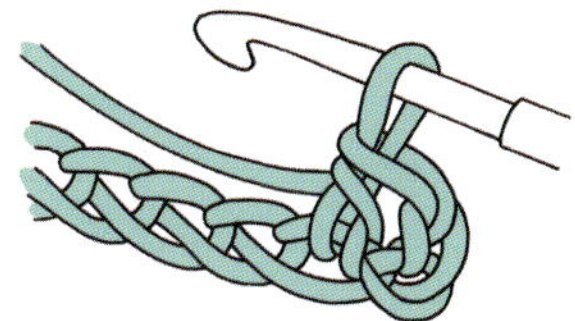

4. So sieht das fertige halbe Stäbchen aus.

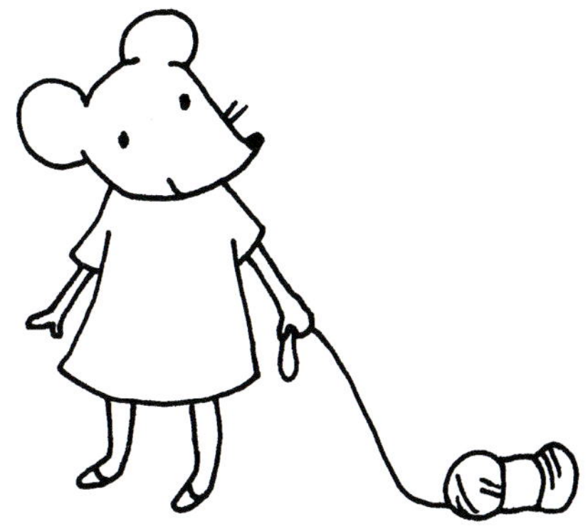

Doppelstäbchen (DStb)

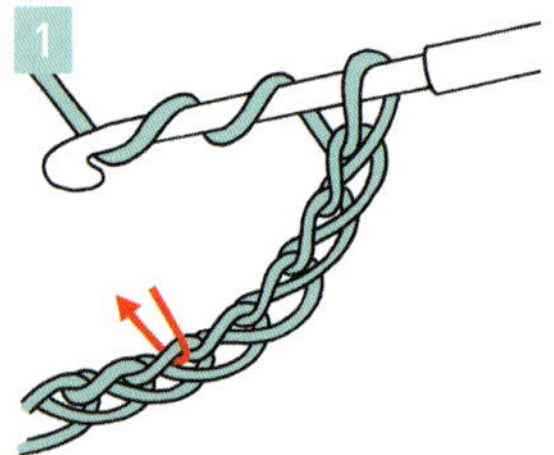

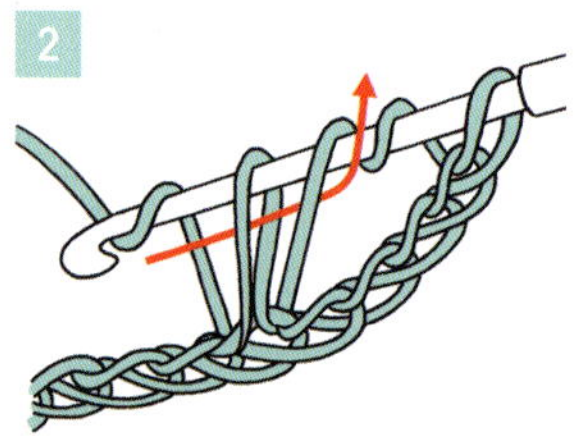

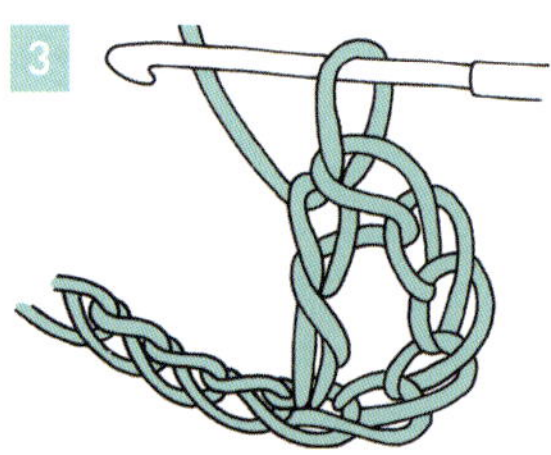

1. Legen Sie den Arbeitsfaden zweimal um die Nadel und stechen Sie dann in die fünfte Masche ab der Nadel ein. Holen Sie den Arbeitsfaden. Es liegen nun vier Schlingen auf der Nadel.

2. Holen Sie den Arbeitsfaden erneut und ziehen Sie ihn durch die ersten beiden Schlingen auf der Nadel. Es liegen dann noch drei Schlingen auf der Nadel.

3. Holen Sie erneut den Arbeitsfaden und ziehen Sie ihn durch die ersten beiden Schlingen auf der Nadel. Es liegen dann nur noch zwei Schlingen auf der Nadel. Holen Sie den Arbeitsfaden erneut und ziehen Sie ihn nun noch durch die letzten beiden Schlingen. Fertig ist dann das Doppelstäbchen.

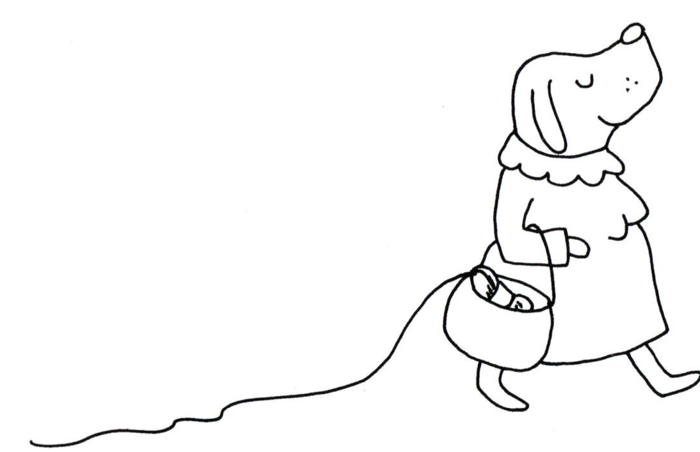

Farbwechsel

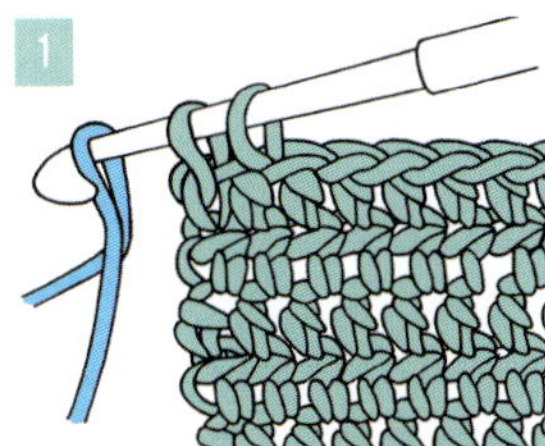

1. Häkeln Sie Ihre Reihe bis zum Ende, maschen Sie Ihre letzte Masche jedoch nicht mit der alten Farbe sondern mit der neuen Farbe ab. Dazu schlingen Sie die neue Farbe an ...

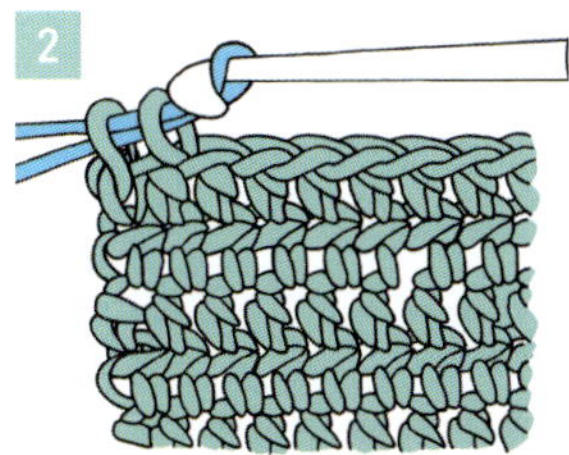

2. ... und ziehen den Faden durch die letzten beiden Schlingen der letzten Masche.

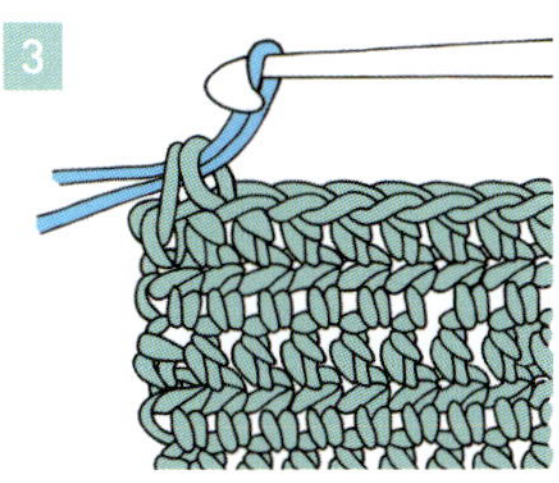

3. Mit dieser neuen Farbe kann nun die erste Steigeluftmasche für die nächste Reihe gehäkelt werden.

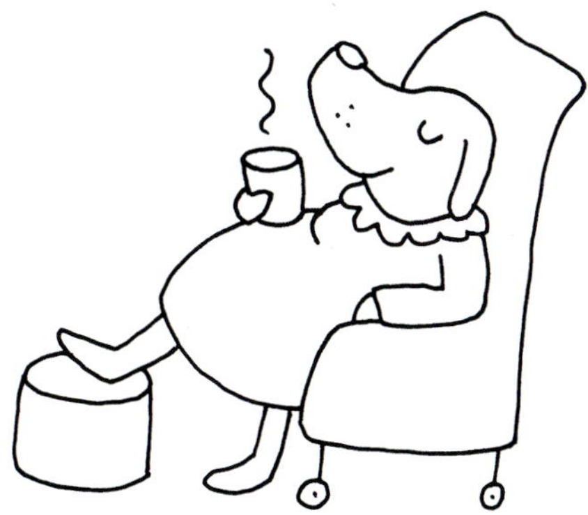

ABNEHMEN (ABN)

Das Abnehmen entspricht dem Zusammenhäkeln zweier Maschen. Die Maschenzahl verringert sich dadurch um eins.

BEI FM:

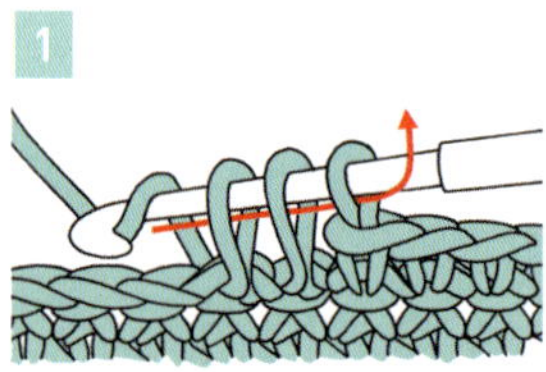

1. Die Nadel wie beim Häkeln einer festen Masche durch die folgende Masche ziehen und den Faden holen, diese feste Masche jedoch nicht beenden. Nun in die folgende Masche einstechen und erneut den Faden holen. Es liegen drei Schlingen auf der Nadel. Den Faden erneut holen und durch alle drei Schlingen ziehen. Die Maschenzahl hat sich somit um eine feste Masche verringert.

BEI STB:

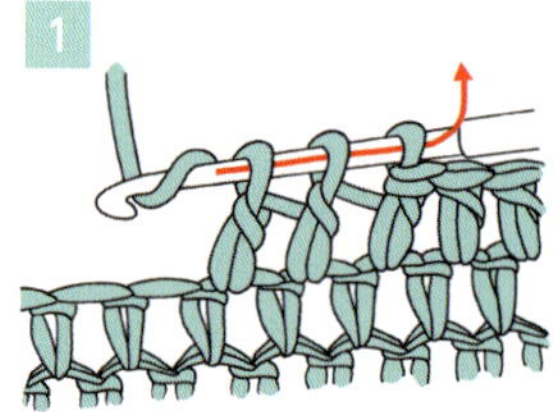

1. Um zwei Stäbchen zusammen abzumaschen, also die Maschenzahl zu verringern, häkeln Sie zunächst das erste Stäbchen wie gewohnt, belassen jedoch die letzten beiden Schlingen auf der Nadel. Nun häkeln Sie erneut den Anfang eines Stäbchens, holen also den Faden (Umschlag) und ziehen diesen durch die nächste Masche. Holen Sie den Faden erneut und ziehen diesen durch die ersten beiden Schlingen auf der Nadel. Es liegen nun drei Schlingen auf der Nadel. Holen Sie den Faden erneut und ziehen Sie ihn durch alle drei Schlingen.

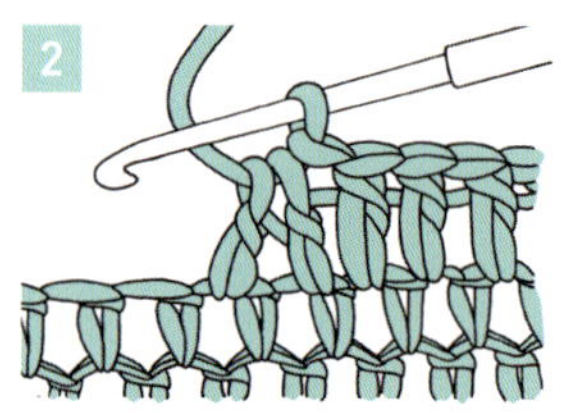

2. Nun wurde die Maschenzahl um eine Masche verringert. Zwei Stäbchen wurden zusammen abgemascht.die ersten beiden Schlingen auf der Nadel. Es liegen nun drei Schlingen auf der Nadel. Holen Sie den Faden erneut und ziehen Sie ihn durch alle drei Schlingen.

ZUNEHMEN (ZUN)

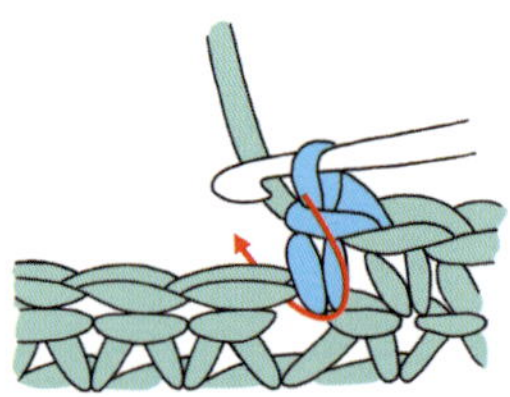

Um Maschen jeglicher Art zu verdoppeln, wird einfach in eine Einstichstelle zweimal eingestochen, also hintereinander aus der gleichen Stelle heraus zweimal eine Masche gehäkelt.

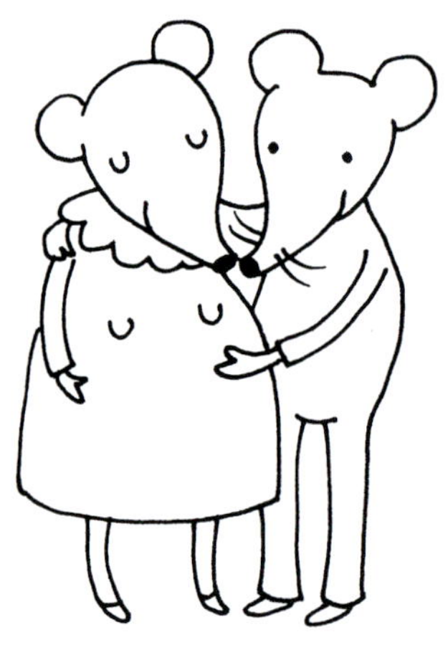

Reliefmaschen

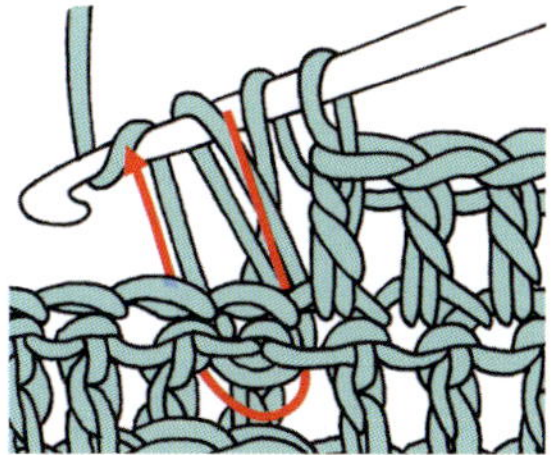

Hier wird ein Reliefstäbchen von hinten gezeigt. Arbeiten Sie die Umschläge wie gewohnt und stechen Sie dann statt in beide Maschenglieder von hinten nach vorne um den Maschenkörper der Vorreihe herum. Holen Sie den Faden und maschen Sie das Stäbchen wie gewohnt ab.

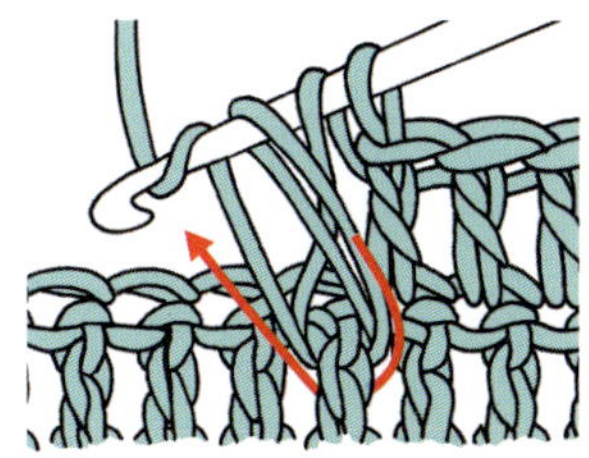

Hier wird ein Reliefstäbchen von vorne gezeigt. Arbeiten Sie die Umschläge wie gewohnt und stechen Sie dann statt in beide Maschenglieder von vorne nach hinten um den Maschenkörper der Vorreihe herum. Holen Sie den Faden und maschen Sie das Stäbchen wie gewohnt ab.

Tulpenmaschen

Legen Sie den Faden einmal um die Nadel, stechen Sie die Nadel in die Masche ein, holen Sie den Faden und ziehen Sie ihn durch die Masche. Sie haben nun drei Schlaufen auf der Nadel. Wiederholen Sie den Vorgang noch zwei Mal. Sie erhalten sieben Schlaufen. Holen Sie den Faden nun und ziehen Sie ihn durch alle sieben Schlaufen.

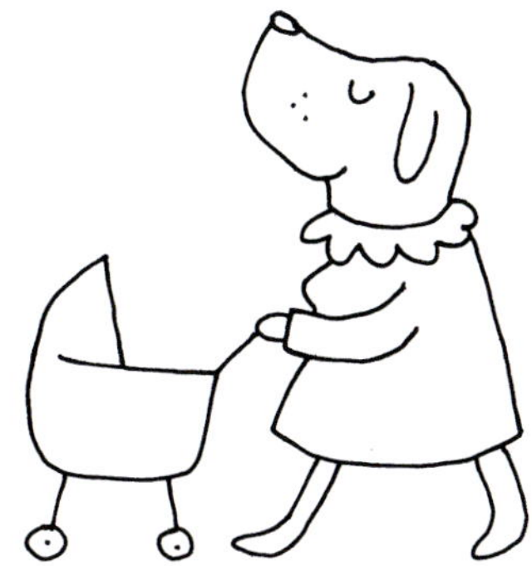

Matratzenstich

Mit diesem Stich werden die Kanten zweier Teile unsichtbar zusammengenäht.

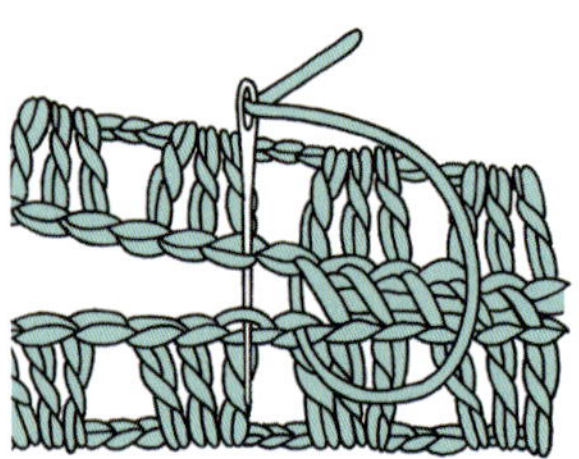

Der Matratzenstich ist auf der rechten Seite unsichtbar, wenn er fertig ist. Legen Sie die beiden Teile mit der rechten, schönen Seite nach oben, flach nebeneinander.

Führen Sie die Nadel zwischen die erste und zweite Masche der ersten Reihe ein. Schieben Sie die Nadel unter zwei Reihen, führen Sie sie dann zurück nach vorne zwischen die erste und die zweite Masche der Reihe.

Gehen Sie zur gegenüberliegenden Seite und führen Sie den Faden unter zwei Reihen durch, wiederholen Sie dies im Zickzack. Am Ende können Sie leicht am Faden ziehen. So entsteht die unsichtbare Naht.

Überwendlingsstich

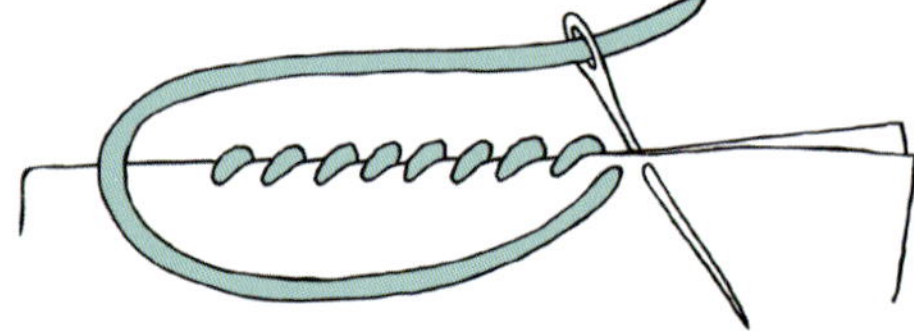

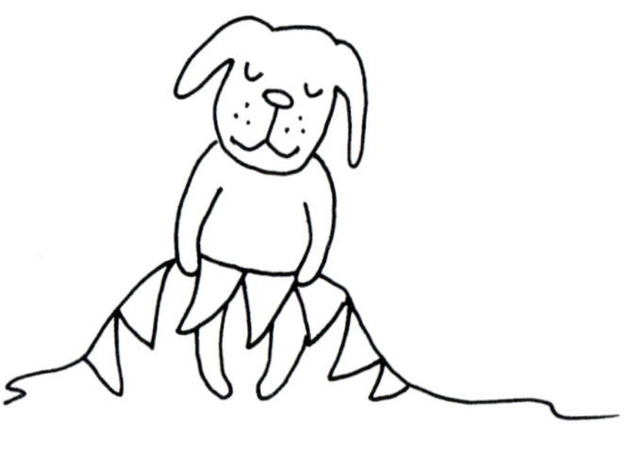

Um Teile zusammenzunähen, kann man sie mit dem Überwendlingsstich und mithilfe einer Stopfnadel zusammennähen. Beide Teile liegen dabei rechts auf rechts oder mit der Vorderseite nach innen. Den Faden sichern und die Nadel durch die jeweils gegenüberliegenden Maschen ziehen. Entlang der Kanten der beiden Teile fortfahren und den Faden zum Schluss sicher vernähen.

Tief gestochene Maschen

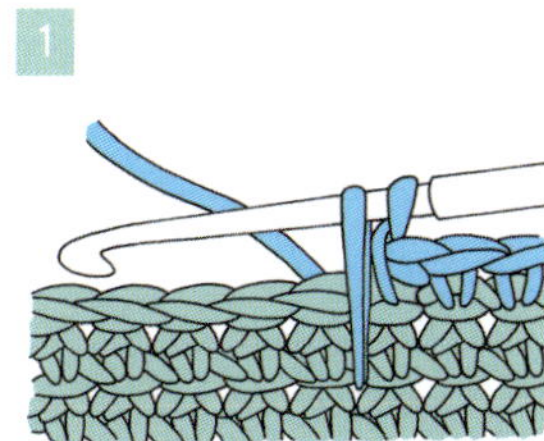

1. Häkeln Sie Ihre Reihe bis zum Ende, maschen Sie Ihre letzte Masche jedoch nicht mit der alten Farbe sondern mit der neuen Farbe ab. Dazu schlingen Sie die neue Farbe an ...

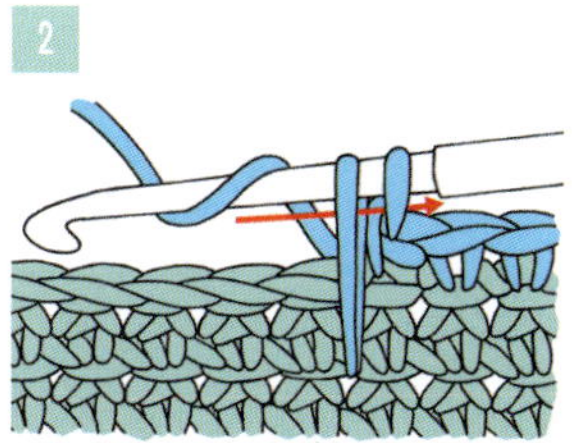

2. ... und ziehen den Faden durch die letzten beiden Schlingen der letzten Masche.

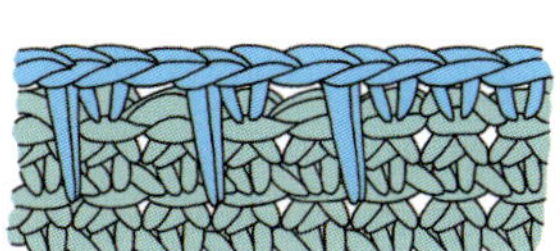

3. Mit dieser neuen Farbe kann nun die erste Steigeluftmasche für die nächste Reihe gehäkelt werden.

Nur in das hintere Maschenglied häkeln

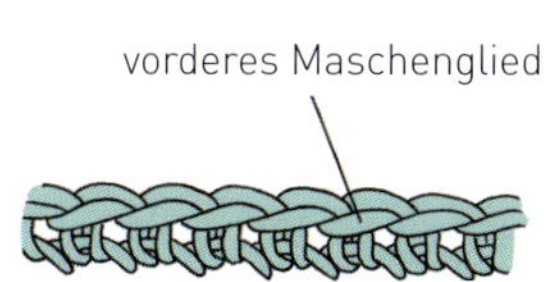

Nur in das vordere Maschenglied häkeln

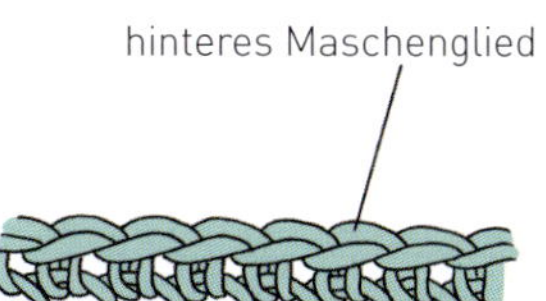

Bei manchen Anleitungen wird angegeben, dass nur in ein Maschenglied gehäkelt werden soll. Diese Illustration zeigt, wo sich das vordere bzw. das hintere Maschenglied befindet. Fürs Einstechen ins vordere Maschenglied stechen Sie von vorne unterhalb dieses Fadens ein und kommen zwischen vorderem und hinterem Maschenglied hoch, fürs Einstechen ins hintere Maschenglied stechen Sie von oben zwischen beiden Gliedern ein und kommen hinter der Arbeit heraus.

WICHTIG!

Faden sichern & abschneiden

Um den Faden am Ende einer Arbeit vor dem Abschneiden zu sichern, häkeln Sie zwei Luftmaschen. Schneiden Sie dann den Faden ca. 15 cm lang ab, fädeln Sie ihn durch die letzte Luftmasche und ziehen Sie ihn fest.

Versäubern

Lose Fäden versäubern Sie mithilfe einer Sticknadel. Weben Sie dazu den Faden vorsichtig und möglichst unsichtbar in die Maschen der letzten Runde bzw. Reihe ein.

Wie arbeite ich eine Runde?

Am Ende einer Runde wird eine Kettmasche in die erste Masche der Runde gehäkelt, um die Runde zu schließen. Häkeln Sie eine Luftmasche („Steigeluftmasche") und fahren Sie fort, ohne zu wenden. Ist die erste Masche der Runde ein Stäbchen, häkeln Sie stattdessen drei Luftmaschen und anstelle eines halben Stäbchens zwei Luftmaschen, um die entsprechende Maschenhöhe zu erreichen.

Wie arbeite ich eine Spiralrunde?

Hier wird am Ende der Runde fortlaufend weitergehäkelt, also keine Kettmasche gearbeitet. Da der Beginn der Runde in diesem Fall nicht optisch erkennbar ist, befestigen Sie am besten eine Markierungshilfe an der ersten Masche der Runde. Dies erspart Ihnen lästiges Maschenzählen.

Wie arbeite ich eine Reihe?

Am Ende der Reihe wird stets eine „Wendeluftmasche" gehäkelt. Danach wird die Arbeit gewendet. Manchmal verlangt die Anleitung, am Ende der Reihe zusätzlich eine Kettmasche in die erste Masche der Runde bzw. Reihe zu häkeln. Es handelt sich auch in diesem Fall um Reihen und nicht um Runden. Ist die erste Masche der Reihe ein Stäbchen, so häkeln Sie stattdessen drei Luftmaschen und anstelle eines halben Stäbchens zwei Luftmaschen, um wie beim Rundenhäkeln die entsprechende Maschenhöhe zu erreichen.

Was ist eine Maschenprobe?

Jeder Häkler hat seine ganz individuelle Art zu häkeln. Einige häkeln fester, die anderen lockerer, deshalb ist die Maschenprobe so wichtig. Angegeben wird meist, wie viele Reihen und Maschen Sie erhalten, wenn Sie ein Stück von 10 x 10 cm Größe häkeln. Je nach persönlicher Häkelweise müssen Sie dann bei abweichender Maschenprobe eine dünnere bzw. dickere Nadel benutzen oder fester bzw. lockerer häkeln. Haben Sie beispielsweise im entsprechenden Stück weniger Maschen gehäkelt als gefordert, müssen Sie entweder fester häkeln oder zu einer dünneren Nadel greifen. Haben Sie mehr Maschen gehäkelt, verhält es sich umgekehrt. In diesem Fall müssen Sie lockerer häkeln oder eine dickere Nadel verwenden.

In meinen Anleitungen gebe ich manchmal auch die Länge und Breite der Fläche von 10 Reihen x 10 festen Maschen an. Dies kann zu einer genaueren Maschenprobe führen.

Passform

Sollte das gehäkelte Schühchen vom Fuß rutschen, können Sie mit einer Sticknadel und einigen Vorstichen vorsichtig am hinteren Teil der Schuhöffnung von innen ein Stück Hutband einarbeiten. Beachten Sie, dass sich das Hutband unter Zug befinden sollte, damit sich die Schuhöffnung etwas verkleinert.

Abkürzungen

Da sich in den Anleitungen viele Arbeitsschritte wiederholen, werden Abkürzungen verwendet:

abn	abnehmen
Fb	Farbe
DStb	Doppelstäbchen
fM	feste Masche
hStb	halbes Stäbchen
Km	Kettmasche
LL	Lauflänge
Lm	Luftmasche
M	Masche
Nd	Nadel
R	Reihe
Rd	Runde
Spiral-Rd	Spiralrunde
Stb	Stäbchen
überspr	überspringen
Vor-R	Vorreihe
Vor-Rd	Vorrunde
wdh	wiederholen
zun	zunehmen
zus	zusammen

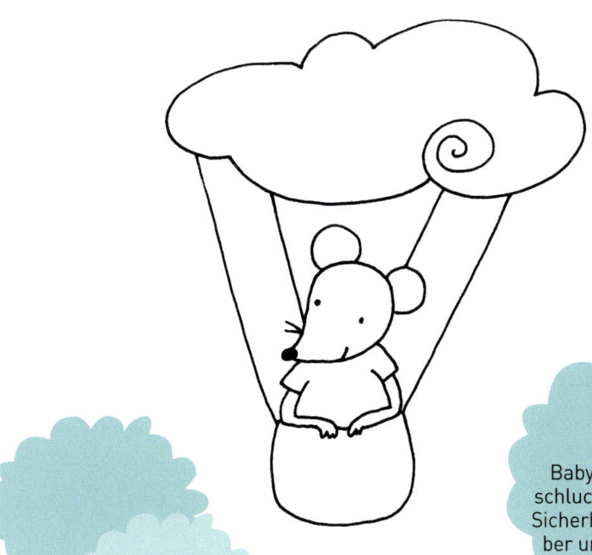

ACHTUNG:

Babys können kleine Teile verschlucken, nähen Sie deshalb zur Sicherheit zwei- bis dreimal darüber und vernähen Sie die Fäden sorgfältig.

GRUNDANLEITUNG SOHLEN

Die Grundanleitung sowie die einzelnen Häkelanleitungen der Schühchen sind in jeweils drei Größen verfasst:

Größe 1: 0–3 Monate (Schuhsohlenlänge ca. 10 cm)
Größe 2: 3–6 Monate (Schuhsohlenlänge ca. 11 cm)
Größe 3: 6–9 Monate (Schuhsohlenlänge ca. 12 cm)

Die Angaben für Babys von 0–3 Monaten stehen vor dem Schrägstrich, ab 3 Monaten zwischen den Schrägstrichen und ab 6 Monaten nach dem zweiten Schrägstrich. Steht nur eine Angabe, gilt diese für alle Größen.

Hinweis:

Die Angaben für Babys von 0-3 Monaten stehen vor dem Schrägstrich, ab 3 Monaten zwischen den Schrägstrichen und ab 6 Monaten nach dem zweiten Schrägstrich. Steht nur eine Angabe, gilt diese für alle Größen.

Es wird in Rd gehäkelt. Am Anfang der Rd 1 Lm häkeln und die Rd mit 1 Km
in die erste M der Rd schließen. Die Arbeit nicht wenden!

1. Rd: Schlagen Sie in der gewünschten Farbe 13/15/16 Lm an. Häkeln Sie 1 fM/ 1 hStb/1 hStb in die 2. Lm von der Nd aus gesehen, je 1 fM/1 hStb/1 hStb in die nächsten 10/12/13 Lm, 3 fM/3 hStb/3 hStb in die letzte Lm. Wenden Sie die Arbeit nicht, sondern häkeln Sie nun auf der anderen Seite der Lm-Kette weiter: 10 fM/12 hStb/13 hStb, 2 fM/2 hStb/2 hStb in die letzte M (dieselbe M, in die Sie zu Beginn die erste M gehäkelt haben.) (= 26/30/32 M)

2. Rd: 1 M zun, 10/12/13 fM, 3x 1 M zun, 10/12/13 fM, 2x 1 M zun (= 32/36/38 M).

3. Rd: 6/8/8 fM, 3/3/4 hStb, 3 Stb, 6x 2 Stb in 1 M, 3 Stb, 3/3/4 hStb, 6/8/8 fM, 2x 1 M zun (= 40/44/46 M).

4. Rd: 1 M zun, 5/7/7 fM, 3/3/4 hStb, 6 Stb, 6x 2 Stb in 1 M, 6 Stb, 3/3/4 hStb, 6/8/8 fM, 4x 1 M zun (= 51/55/57 M).

5. Rd: 1 fM in jede M der Vor-Rd (= 51/55/57 M).

Je nach Anleitung Faden sichern und abschneiden oder in der geforderten Farbe weiterhäkeln.

Symbole

- • Kettmasche
- × feste Masche
- Luftmasche
- Stäbchen
- halbes Stäbchen
- Faden neu anschlingen
- Runden-/Reihenzahl
- ▲ Richtungspfeil
- Anfang
- Doppelstäbchen
- 2 Stb zushäkeln
- 2 hStb zushäkeln

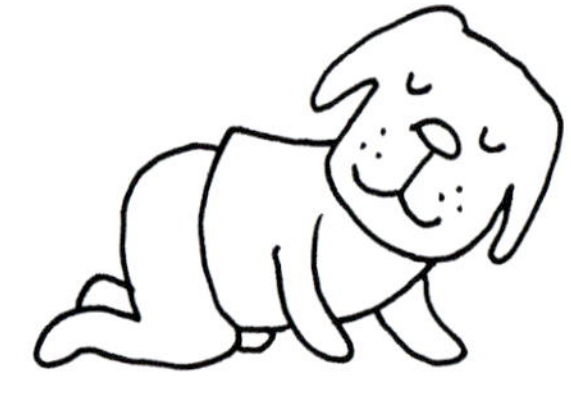

TIPP:

Eine Sohle ist mit etwas Übung schnell gehäkelt. Häkeln Sie als Maschenprobe eine Sohle und vergleichen Sie die Länge mit der oben genannten Angabe. Sollten Sie Schuhe für Frühchen häkeln, häkeln Sie einfach etwas fester. Umgekehrt können Sie durch lockereres Häkeln die Schühchen der 3. Größe vergrößern. Achten Sie dabei bitte darauf, dass Sie auf den Sohlen der Schühchen für Babys, die bereits stehen oder sogar laufen können, stets Antirutschpunkte (z. B. mit „Sockenstop") anbringen.

HÄKELSCHRIFTEN

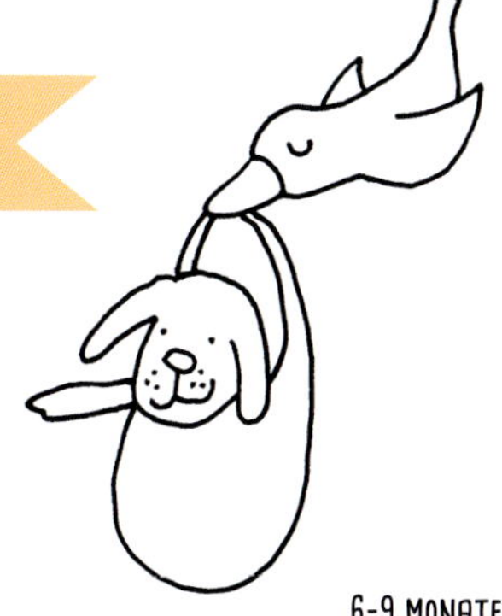

0-3 MONATE

3-6 MONATE

6-9 MONATE

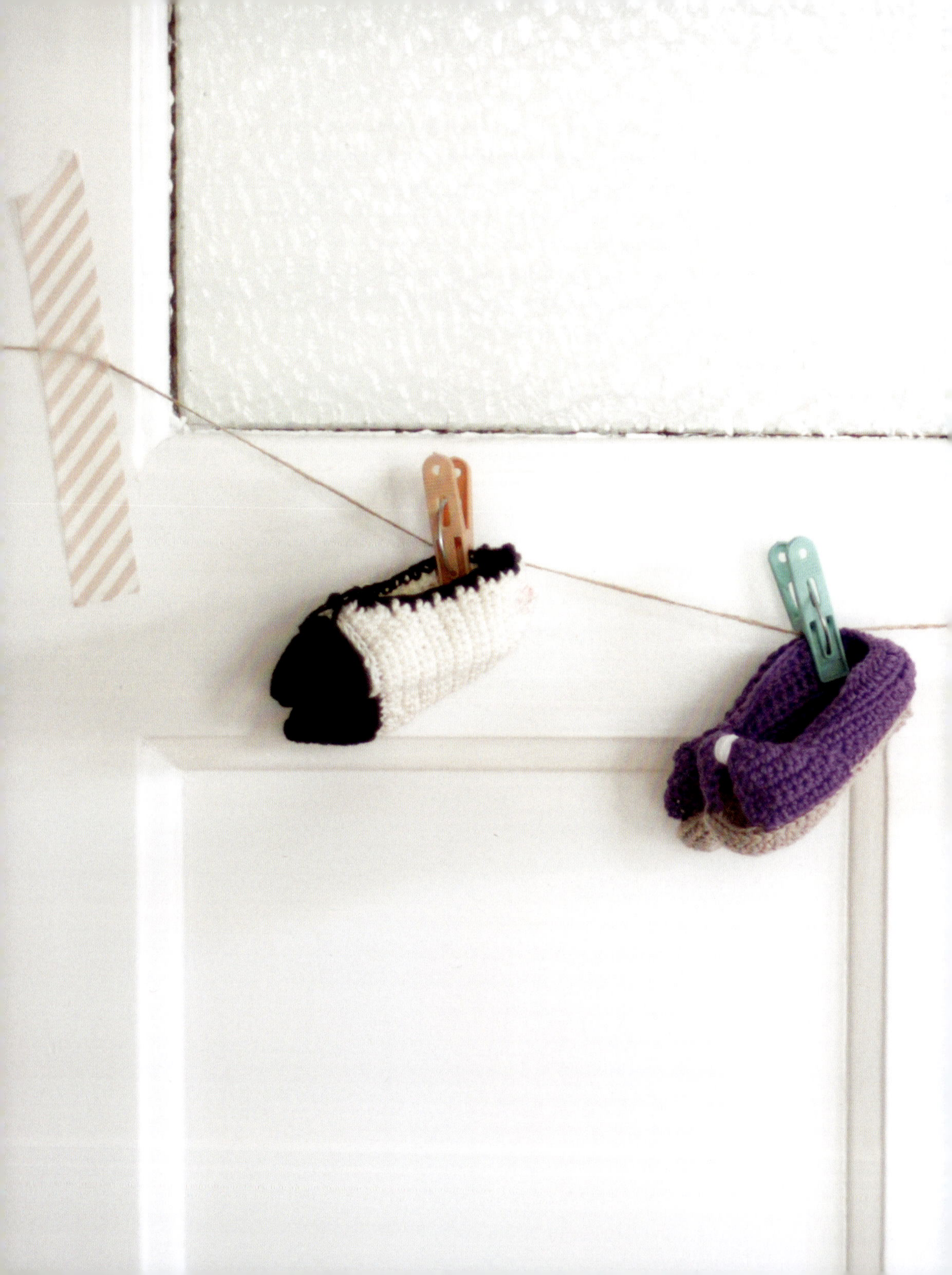

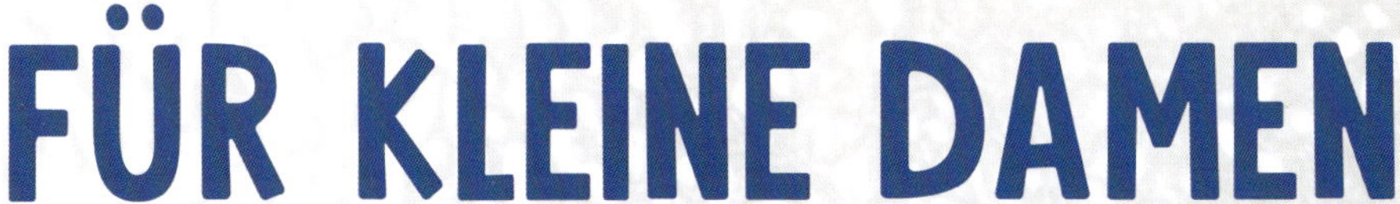

FÜR KLEINE DAMEN

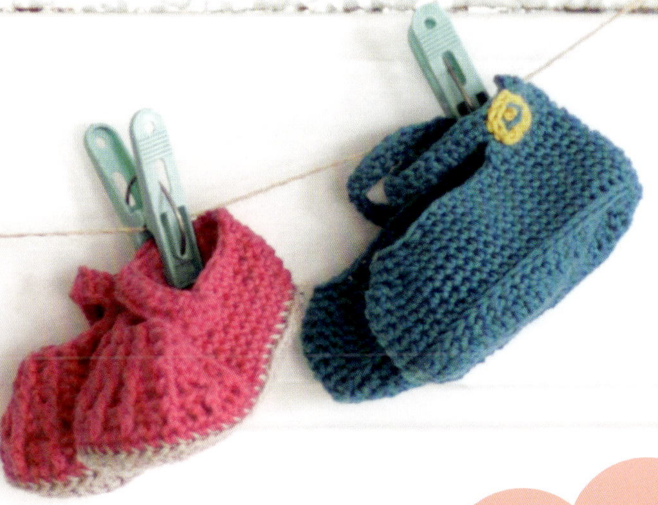

Ballerinas, Peep-Toes und Co. sollten im Kleiderschrank eines stilbewussten Mädchens nicht fehlen. Die Modelle dieses Kapitels sind superschick und passen perfekt zum ersten Prinzessinnenkleidchen.

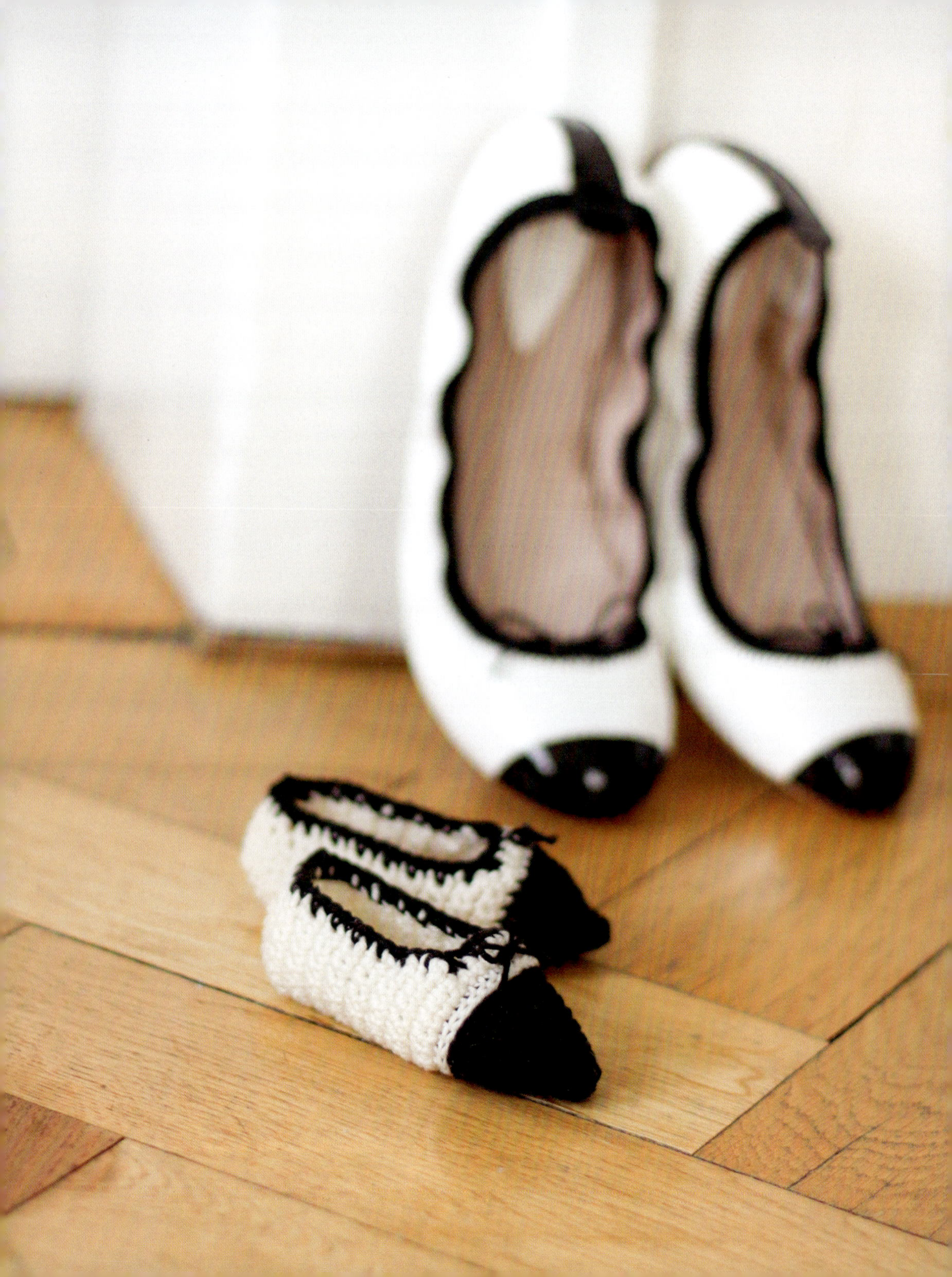

BALLERINAS

Audrey Hepburn trug sie mit Grazie und machte sie zum Must-Have jeder modebewussten Dame. Diese klassische Variante lässt Ihre kleine Dame garantiert glänzen!

Material

Häkelnadel 2,5 mm
Schachenmayr original Catania (LL 125m/50g) in Schwarz (Fb 110) und Crème (Fb 130), je 50 g

So wird's gemacht:

Es wird zunächst in Rd gehäkelt. Am Anfang jeder Rd 1 Lm häkeln und die Rd mit 1 Km in die erste M der Rd schließen. Die Arbeit nicht wenden.

1. Rd: Häkeln Sie in Schwarz 6/6/8 fM in einen Magic-Ring (= 6/6/8 fM).
2. Rd: * 1 M zun, **2/2/**3 fM *, von * bis * noch 1x wdh. (= 8/8/10 M).
3. Rd: * 2x 1 M zun, 2/2/3 fM *, von * bis * noch 1x wdh. (= 12/12/14 M).
4. Rd: 1 fM, 2x 1 M zun, 4/4/5 fM, 2x 1 M zun, 3/3/4 fM (= 16/16/18 M).
5. Rd: 2 fM, 2x 1 M zun, 6/6/7 fM, 2x 1 M zun, 4/4/5 fM (= 20/20/22 M).
6. Rd: 3 fM, 2x 1 M zun, 8/8/9 fM, 2x 1 M zun, 5/5/6 fM (= 24/24/26 M).
7. Rd: 4 fM, 2x 1 M zun, 10/10/11fM, 2x 1 M zun, 6/6/7 fM (= 28/28/30 M).
8. Rd: 5 fM, 2x 1 M zun, 12/12/13 fM, 2x 1 M zun, 7/7/8 fM (= 32/32/34 M).
9. Rd: 1 fM in jede M der Vor-Rd (= 32/32/34 M).
Fb-Wechsel zu Crème.
10. Rd: Nur in das hintere M-Glied häkeln. 1 fM in jede M der Vor-Rd (= 32/32/34 M), 1 Lm und Arbeit wenden. Ab jetzt häkeln Sie in R weiter. Häkeln Sie am Ende jeder R 1 Km in die erste M der R, 1 Wende-Lm und wenden Sie danach die Arbeit.
11. R: 1 fM in jede M der Vor-Rd (= 32/32/34 M).
Faden sichern und abschneiden. Schlingen Sie den Faden in Crème an der **13./13./14. M** der 11. R neu an, 1 Lm und wenden. Häkeln sie wie folgt weiter:
12. R: 26/26/28 fM, lassen Sie die letzten 6 M ruhen (= 26/26/28 M).
13. R: 1 M abn, 22/22/24 fM, 1 M abn (= 24/24/26 M).
14. R: 1 M abn, 20/20/22 fM, 1 M abn (= 22/22/24 M).
15. R: 1 fM in jede M der Vor-R (= 22/22/24 M).
16. R: 2 fM, 1 M abn, 14 fM, 1 M abn, 2 fM (= 20/20/22 M).
17.–25./27./29. R: 1 fM in jede M der Vor-R (= 20/20/22 M).
26./28./30. R: 20/20/22 fM, 4/4/2 Lm (= 24/24/24 M). Ab hier werden nun wieder Rd gehäkelt. Wenden Sie die Arbeit nicht mehr.
27./29./31. Rd: * 2 fM, 1 M abn *, von * bis * noch 5x wdh (= 18 M).
28./30./32. Rd: * 1 fM, 1 M abn *, von * bis * noch 5x wdh (= 12 M).
29./31./33. Rd: 6x 1 M abn (= 6 M).
30./32./34. Rd: * 1 M überspr, 1 Km *, von * bis * noch 2x wdh (= 3 M).
Faden sichern und abschneiden.

Fertigstellen

Umhäkeln Sie nun die Öffnung des Ballerinaschühchens in regelmäßigen Abständen mit 1 Rd fM in Schwarz und häkeln Sie in den beiden Innenkanten an der Schuhspitze jeweils 3 M zusammen. Binden Sie aus einem Stück schwarzen Garn eine kleine Schleife und nähen Sie sie mittig an die vordere Schuhöffnung.

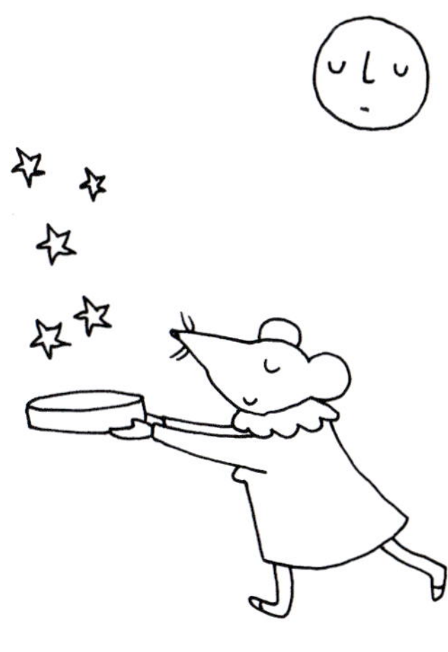

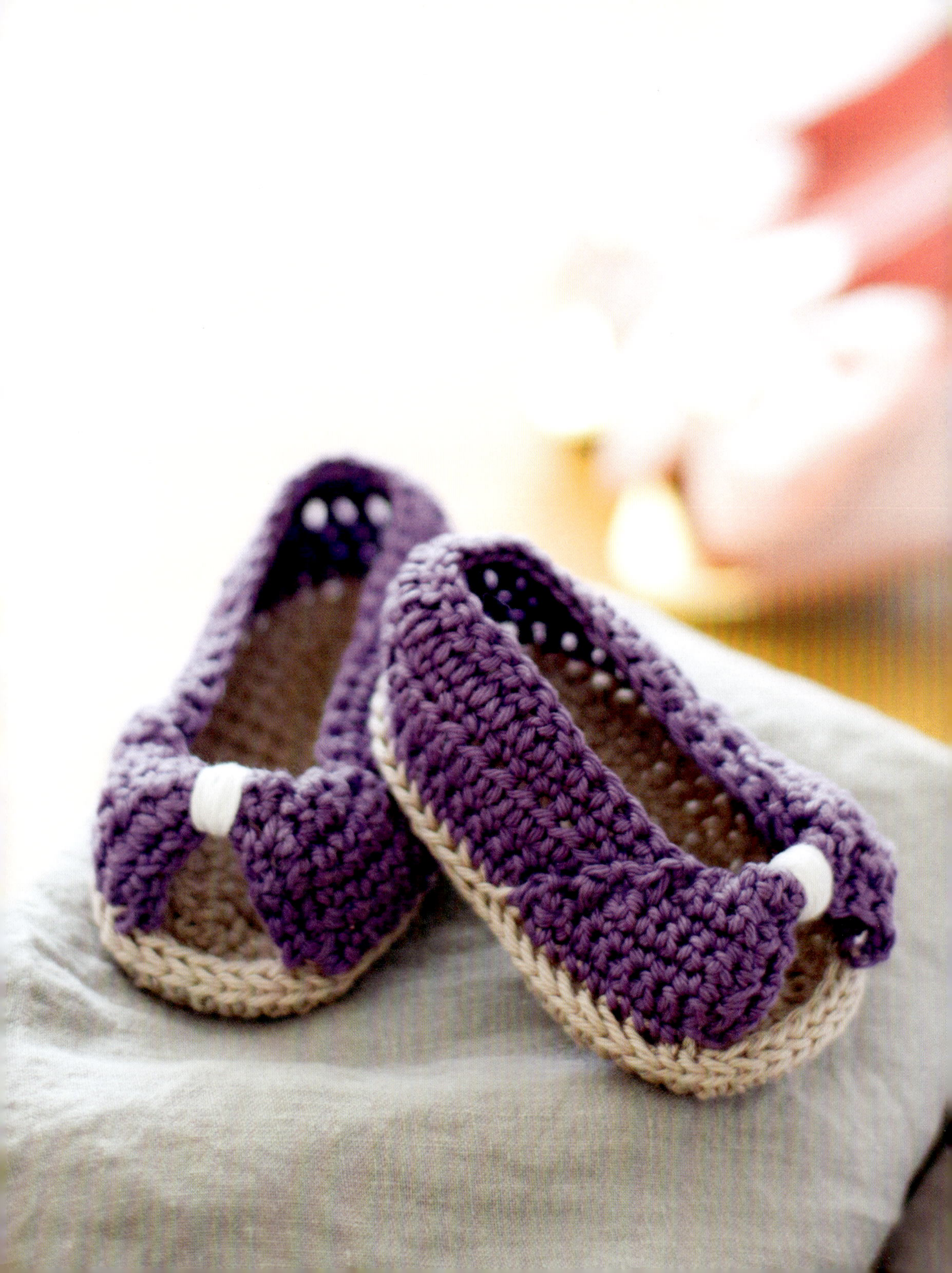

PEEP-TOES

Wie niedlich! Vorne blitzen die kleinen Zehen hervor und fühlen sich in diesen bequemen Schühchen pudelwohl.

Material

Häkelnadel 2,5 mm
Schachenmayr original Catania (LL 125 m/50 g) in Violett (Fb 113), in Bast (Fb 257), je 50 g und in Weiß (Fb 106), Rest

So wird's gemacht:

Schuhkorpus

Häkeln Sie in Bast nach der Grundanleitung eine Sohle und häkeln Sie wie folgt weiter:

1. Rd: 1 Relief-M hinten in jede M der Vor-Rd (= 51/55/57 M).
Faden sichern und abschneiden. Schlingen Sie den Faden in Violett an der 30./32./33. M der letzten Rd neu an und häkeln Sie in R weiter. Am Ende der R 1 Lm häkeln und die Arbeit wenden!
1. R: Nur in das hintere M-Glied häkeln: Je 1 fM in die nächsten 38/42/44 M (= 38/42/44 M).
2. R: 1 M abn, 34/38/40 fM, 1 M abn (= 36/40/42 M).
3. R: 1 M abn, 32/36/38 fM, 1 M abn (= 34/38/40 M).
4. R: 4/6/7 fM, 10 hStb, 6 Stb, 10 hStb, 4/6/7 fM (= 34/38/40 M).
5. R: 1 M abn, 30/34/36 fM, 1 M abn (= 32/36/38 M).
6. R: 1 M abn, 4/6/7 fM, 1 hStb, 18 Stb, 1 hStb, 4/6/7 fM, 1 M abn (= 30/34/36 M).
Faden sichern und abschneiden.

Vorderteil

Schlingen Sie den Faden in Violett am vorderen M-Glied der 28./30./31. M der letzten bastfarbenen Rd der Sohle neu an und häkeln Sie in R weiter. Am Ende der R 1 Lm häkeln und die Arbeit wenden!

1. R: 8 fM, 1 M abn (= 9 M).
2. R: 1 M abn, 7 fM (= 8 M).
3. R: 6 fM, 1 M abn (= 7 M).
4. R: 1 M abn, 5 fM (= 6 M).
5. R: 4 fM, 1 M abn (= 5 M).
6. R: 1 M abn, 3 fM (= 4 M).
7. R: 2 fM, 1 M abn (= 3 M).
8.–11. R: 1 fM in jede M der Vor-R (= 3 M).
12. R: 1 M zun, 2 fM (= 4 M).
13. R: 3 fM, 1 M zun (= 5 M).
14. R: 1 M zun, 4 fM (= 6 M).
15. R: 5 fM, 1 M zun (= 7 M).
16. R: 1 M zun, 6 fM (= 8 M).
17. R: 7 fM, 1 M zun (= 9 M).
18. R: 1 M zun, 8 fM (= 10 M).
Faden sichern und lang abschneiden.Nähen Sie nun die letzte R mit Überwendlingsstichen von der 18./20./21. bis zur 9./11./12. M der letzten bastfarbenen Rd der Sohle jeweils am vorderen M-Glied der nächsten 10 M an.

Vordere Öffnung

Damit die vordere Öffnung etwas kleiner wird, schlingen Sie den Faden in Violett am vorderen M-Glied der 28./30./31. M der letzten bastfarbenen Rd der Sohle neu an. Häkeln Sie nun am Rand der R-Enden des violettfarbenen Vorderteils entlang, indem Sie 9x 2 M zusammenhäkeln. Häkeln Sie 1 Km in das vordere M-Glied der 18./20./21. M der letzten bastfarbenen Rd der Sohle, 1 Km in die nächste M der Sohle und nun 1 Rück-R fM entlang der soeben gehäkelt R häkeln. Dabei 1 fM in jede M der Vor-R arbeiten. Beenden Sie die R mit 1 Km in die nächste freie M der letzten Rd der bastfarbenen Sohle. Faden sichern und abschneiden. Wickeln Sie nun weißes Garn um das Mittelstück des Vorderteils, bis es einem Knoten ähnelt.

Fertigstellen

Nähen Sie die R-Enden des Schuhkorpus vorsichtig mit einigen Vorstichen an die seitlichen Innenseiten des Vorderteils. Den zweiten Schuh genauso arbeiten.

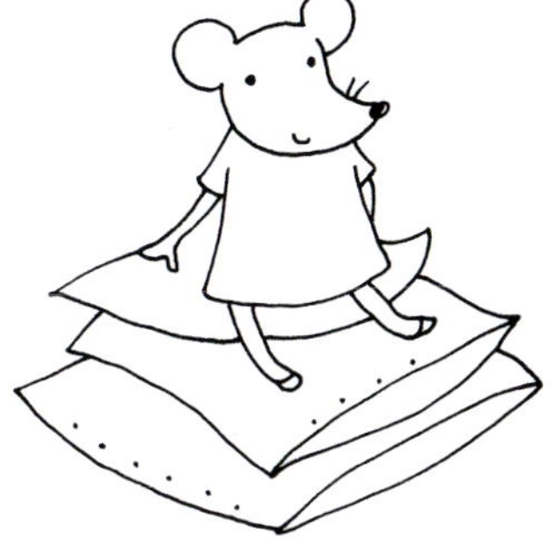

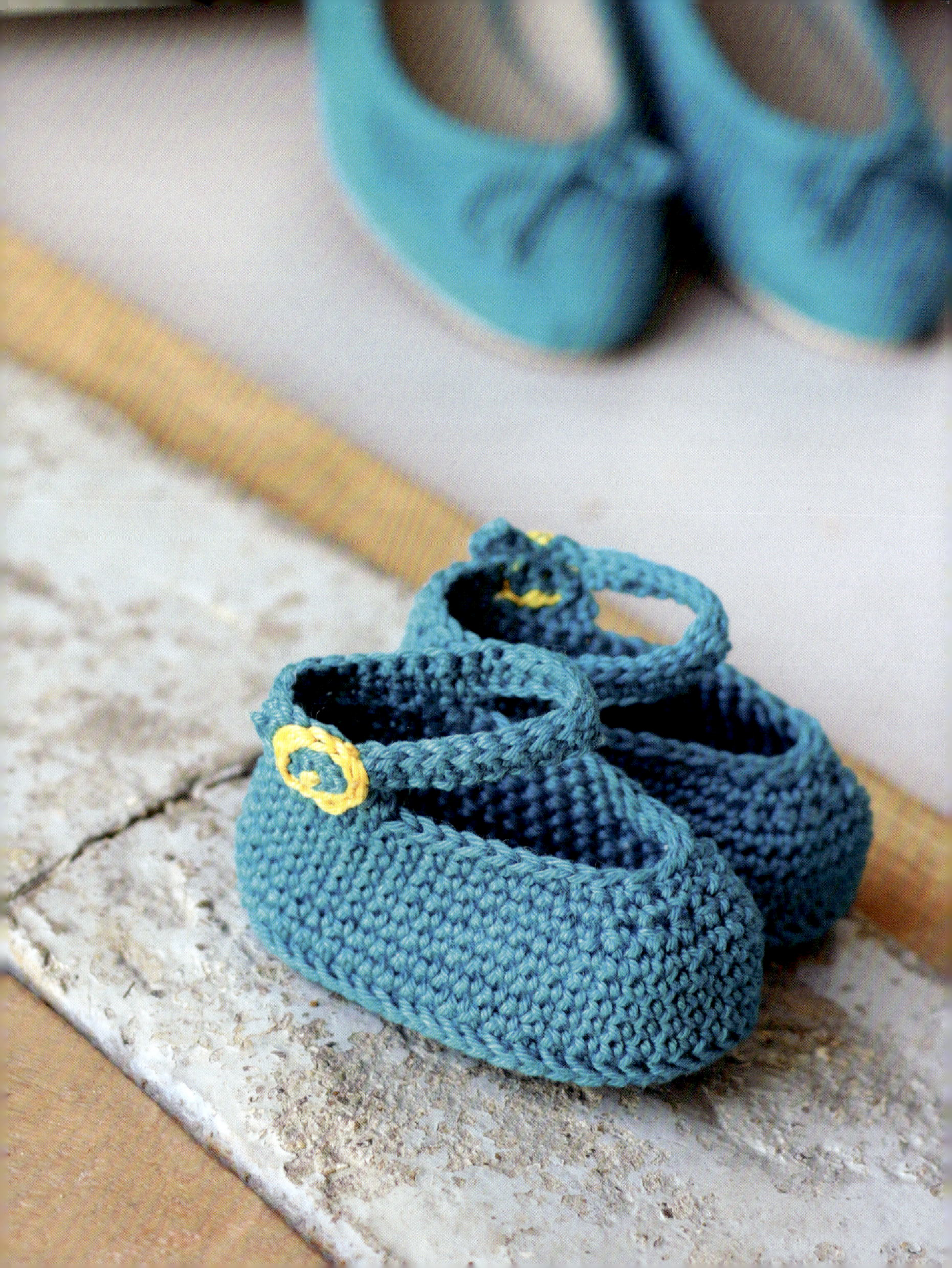

RIEMCHENBALLERINAS

Der Klassiker unter den Babyschühchen mit goldig glitzernder Schnalle und schickem Riemchen kommt in einem frechen Türkis daher.

Material

Häkelnadel 2,5 mm
ONline Linie 165 Sandy (Fb 84), 50 g
Schachenmayr original Catania (LL 125m/50 g) in Sonne (Fb 208),
Rest Nylonfaden in Gold und Türkis
Nähnadel

So wird's gemacht:

Hinweis
Häkeln Sie in Jade eine Sohle nach der Grundanleitung und fahren Sie in derselben Farbe in Rd fort. Häkeln Sie am Anfang jeder Rd 1 Lm und am Ende 1 Km in die erste M der Rd. Wenden Sie die Arbeit nicht!

1. Rd: 1 Relief-M hinten in jede M der Vor-Rd (= 51/55/57 M).
2.–4 Rd: 1 fM in jede M der Vor-Rd (= 51/55/57 M).
5. Rd: 47/51/53 fM, 2x 1 M abn (= 49/53/55 M).
6. Rd: 1 fM in jede M der Vor-Rd (= 49/53/55 M).
7. Rd: 17/19/20 fM, 7x 1 M abn, 18/20/21 fM (= 42/46/48 M).
8. Rd: 40/44/46 fM, 1 M abn (= 41/45/47 M).
9. Rd: 15/17/18 fM, 2x 1 M abn, 3 fM, 2x 1 M abn, 15/17/18 fM (= 37/41/43 M).
Faden sichern und abschneiden.
In R weiterhäkeln.

Riemchen

Linkes Schühchen
1. R: 23 Lm, 1 fM in die 31./33./34. M der 9. Rd, je 1 fM in die nächsten 14/18/20 fM.
2. R: 1 M abn, 13/17/19 fM, je 1 fM in die 23 Lm der Lm-Kette (= 37/41/43 M).
3. R: 22 Km, 13/17/19 fM, 1 M abn (= 36/40/42 M).
Faden sichern und abschneiden.

Rechtes Schühchen
Schlingen Sie den Faden in Türkis an der 31./33./34. M der 9. Rd neu an und häkeln Sie in R weiter.

1. R: 15/19/21 fM, 24 Lm.
2. R: 1 fM in die 2. Lm von der Nd aus gesehen, je 1 fM in die nächsten 22 Lm, 13/17/19 fM, 1 M abn (= 37/41/43 M).
3. R: 1 M abn, 13/17/19 fM, 22 Km (= 36/40/42 M).
Faden sichern und abschneiden.

Fertigstellen

Nähen Sie mit türkisfarbenem Nylonfaden das eine Ende des Riemchens am anderen Ende fest. Häkeln Sie für die Schnalle in Sonne ein Rechteck aus Km auf das aufliegende Riemchenende und sticken Sie in Gold mit Rückstichen ein Rechteck auf die gehäkelte Schnalle. Den zweiten Schuh genauso arbeiten.

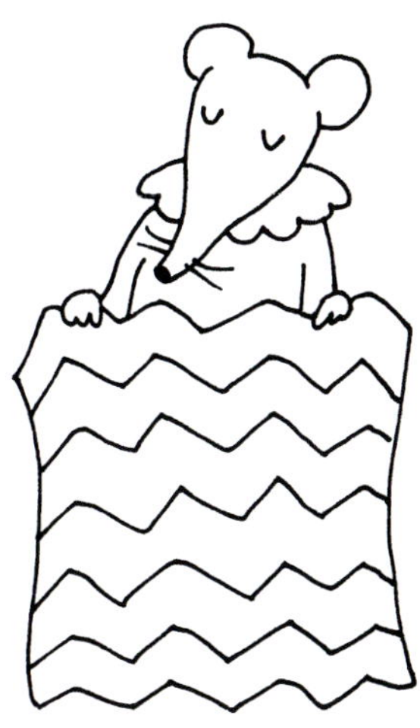

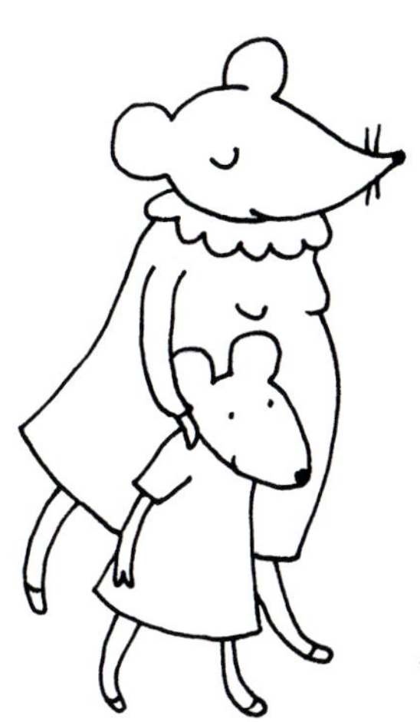

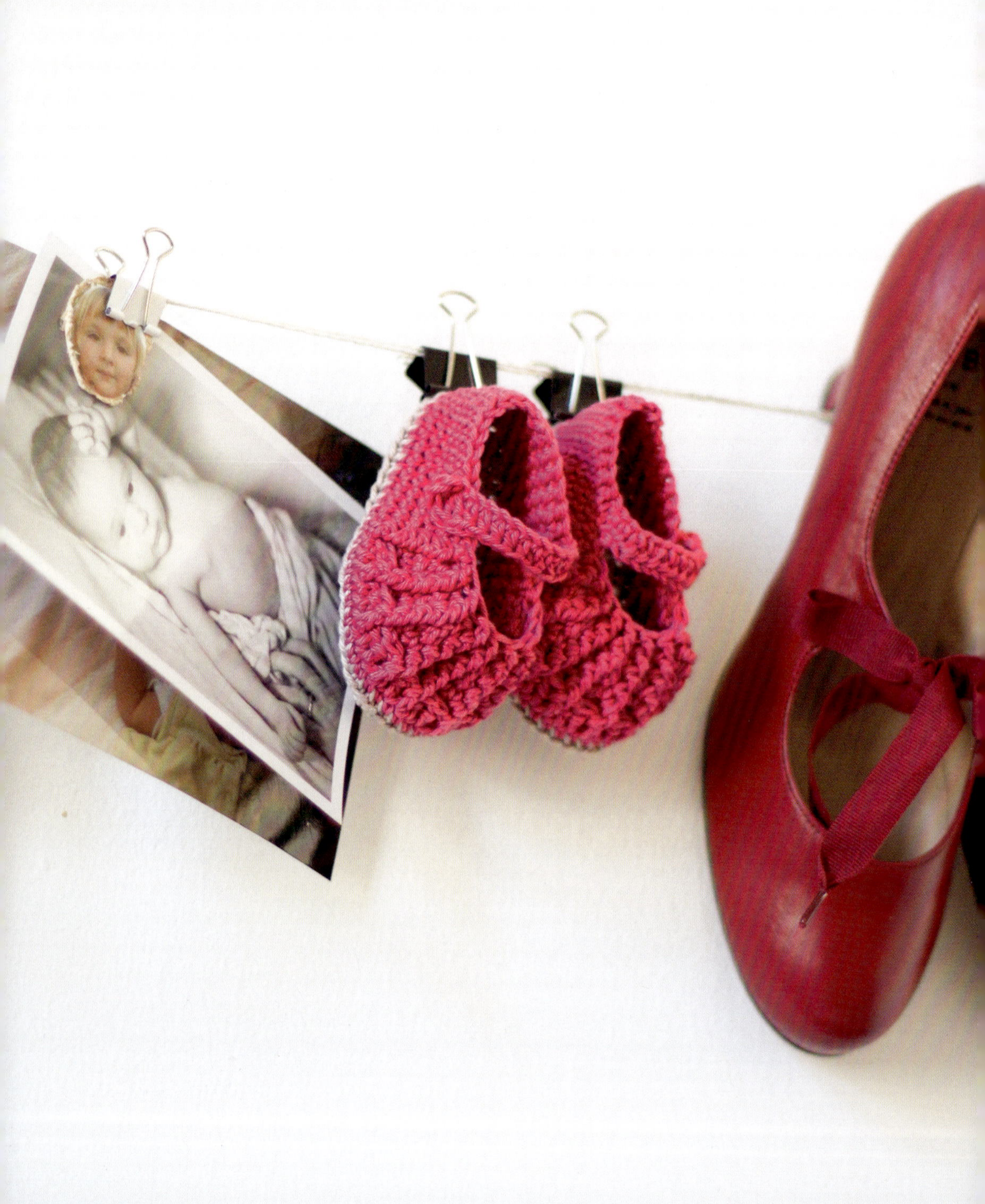

MARY JANES

Dieser Schuh ist ein Must-Have und gehört in jeden gut sortierten Schuhschrank. Geeignet für den alltäglichen Ausflug oder den glänzenden Auftritt.

Material

Häkelnadel 2,5 mm
Schachenmayr original Catania (LL 125m/50g) in Cyclam (Fb 114) und in Bast (Fb 257), je 50 g

So wird's gemacht:

Hinweis
Häkeln Sie in Bast eine Sohle nach der Grundanleitung. Schlingen Sie dann den Faden in Cyclam an der 1. M der letzten Rd der Sohle neu an und häkeln Sie weiter in Rd. Schließen Sie die Rd mit 1 Km in die erste M der Rd, häkeln Sie am Anfang jeder Rd 1 Lm und wenden Sie die Arbeit nicht! Achtung, wenn in der Anleitung die Abnahme einer M gefordert wird, ist damit stets die Abnahme einer fM gefordert, nicht eines Stb.

1. Rd: Nur in das hintere M-Glied häkeln: 1 fM in jede M der Vor-Rd (= 51/55/57 M).
2. Rd: 11/13/14 fM, 25 Stb, 15/17/18 fM (= 51/55/57 M).
3. Rd: 11/13/14 fM, * 1 Relief-Stb vorne, 2 Relief-Stb hinten *, von * bis * noch 7x wdh, 1 Relief-Stb vorne, 15/17/18) fM (= 51/55/57 M).
4. Rd: 9/11/12 fM, 1 M abn, * 1 Relief-Stb vorne, 2 fM *, von * bis * noch 7x wdh, 1 Relief-Stb vorne, 1 M abn, 13/15/16 M (= 49/53/55 M).
5. Rd: 10/12/13 fM, * 1 Relief-Stb vorne, 1 M abn *, von * bis * noch 7x wdh, 1 Relief-Stb vorne, 14/16/17 fM (= 41/45/47 M).
6. Rd: 10/12/13 fM, * 1 Relief-Stb vorne, 1 fM *, von * bis * noch 7x wdh, 1 Relief-Stb vorne, 12/14/15 fM, 1 M abn (= 40/44/46 M).
7. Rd: 8/10/11 fM, 1 M abn, * 1 Relief-Stb vorne, 1 M überspr *, von * bis * noch 7x wdh, 1 Relief-Stb vorne, 1 M abn, 11/13/14 fM (= 30/34/36 M).
Faden nicht abschneiden, sondern für das jeweilige Schühchen wie folgt weiterhäkeln:

Riemchen

Linkes Schühchen
8. Rd: 1 Lm, Arbeit wenden, 10/12/13 fM, 13/14/15 Lm, [1 fM, 1 hStb, 3 Stb] in die 2. Lm von der Nd aus gesehen, je 1 hStb in die restlichen 11/12/13 Lm, 1 Km in die nächste freie M der 7. Rd. Faden sichern und abschneiden.

Rechtes Schühchen
8. Rd: 7/9/10 fM, 13/14/15 Lm, [1 fM, 1 hStb, 3 Stb] in die 2. Lm von der Nd aus gesehen, je 1 hStb in die restlichen 11/12/13 Lm, 1 Km in die 8./10./11. M der 7. Rd. Faden sichern und abschneiden.

Fertigstellen

Nähen Sie das Riemchen mit Nähgarn in passender Farbe auf der gegenüberliegenden Seite des Schühchens an.

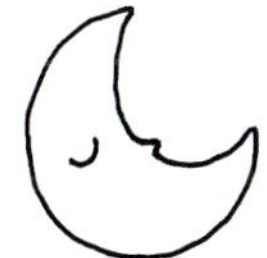

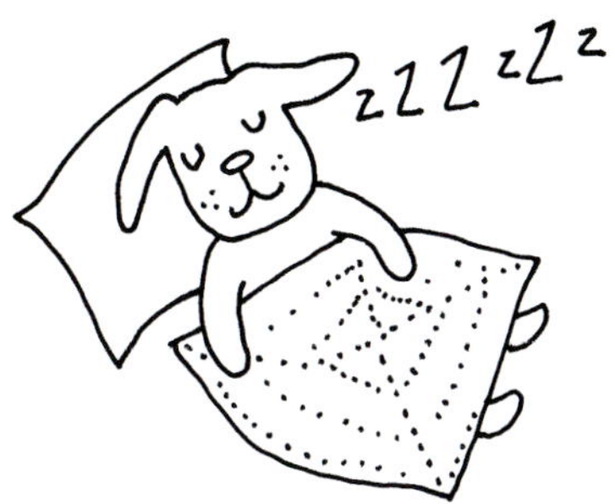

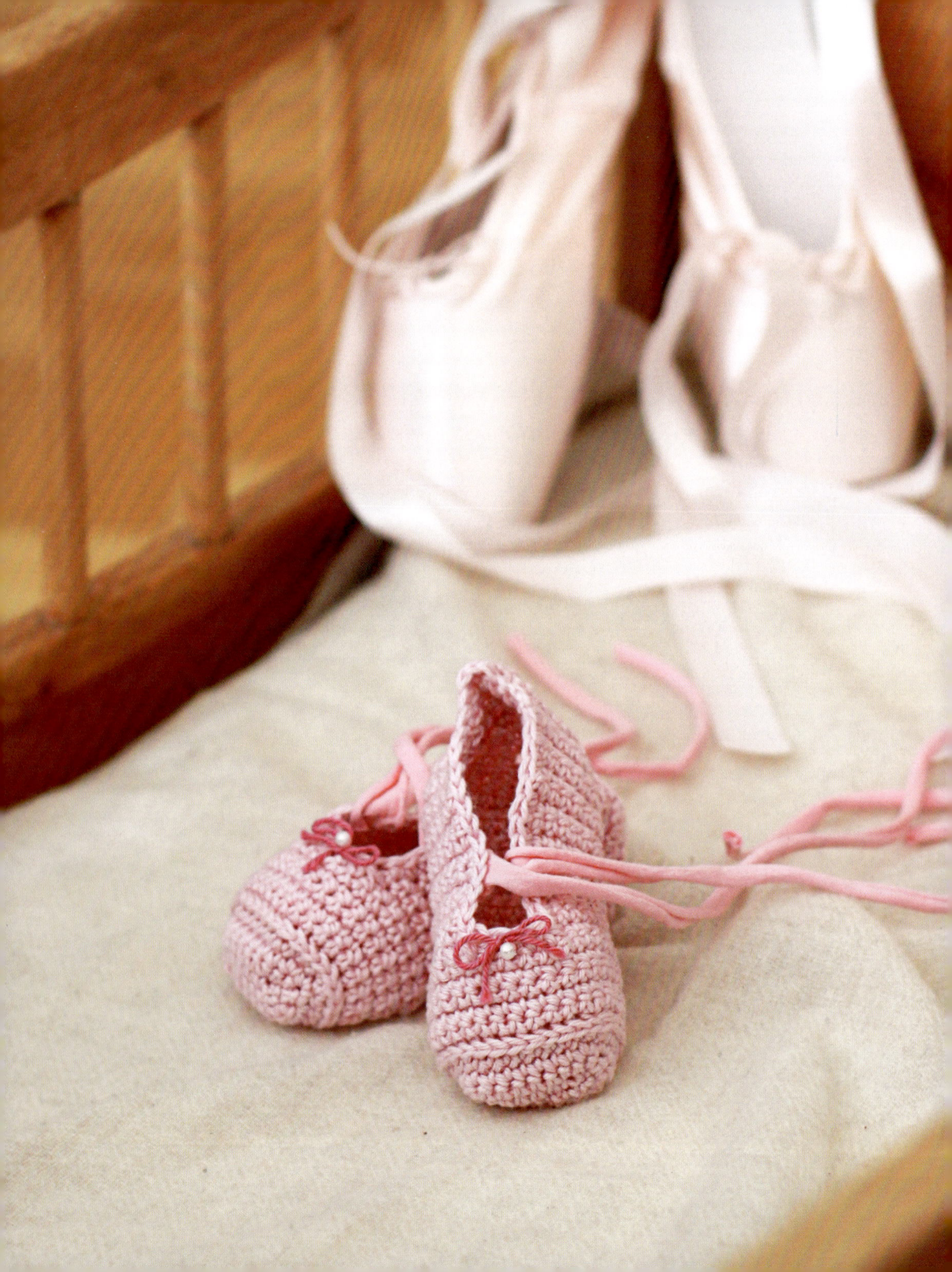

SPITZENSCHUHE

KLEINE PRIMABALLERINEN BRAUCHEN DAS RICHTIGE SCHUHWERK. DIESE ZARTEN SPITZENSCHUHE SIND DAS SAHNEHÄUBCHEN ZUM BALLETT-OUTFIT EINER JEDEN PRINZESSIN!

MATERIAL

Häkelnadel 2,5 mm
Schachenmayr original Catania (LL 125m/50g), in Rosa (Fb 246), 50 g und in Fresie (Fb 251), Rest 2 Kunststoffperlen, ⌀ 4 mm, Textilgarn in Rosa, Rest Nähgarn

SO WIRD'S GEMACHT:

Hinweis
Es wird in R gehäkelt. Am Anfang jeder R 1 Lm häkeln. Am Ende jeder R häkeln Sie 1 Km in die erste M der R und wenden die Arbeit, außer es wird explizit anders gefordert in der Anleitung! Schlagen Sie in Rosa 5/7/7 Lm an.

1. R: 1 fM in die 2. Lm von der Nd aus gesehen, je 1 fM in die nächsten 2/4/4 Lm, 3 fM in die letzte Lm, auf der anderen Seite der Lm-Kette weiterhäkeln (Arbeit nicht wenden): 2/4/4 fM, 2 fM in die erste Lm, in die Sie die erste fM gehäkelt haben (= 10/14/14 M).
2. R: 2x 1 M zun, 2/4/4 fM, 3x 1 M zun, 2/4/4 fM, 1 M zun (= 16/20/20 M).
3. R: 1 M zun, 5/7/7 fM, 3x 1 M zun, 5/7/7 fM, 2x 1 M zun (= 22/26/26 M). Nicht wenden.
4. R: 9/11/11 fM, 2x 1 M zun, 9/11/11 fM, 2x 1 M zun (= 26/30/30 M). Nicht wenden.
5. R: 1 Relief-M hinten in jede M der Vor-R. (= 26/30/30 M).
6–10. R: 1 fM in jede M der Vor-R (= 26/30/30 M). Noch nicht wenden. Faden sichern und abschneiden. Schlingen Sie den Faden in Rosa an der 7./9./9. M der 10. R neu an, 1 Lm und die Arbeit nun wenden.
11. R: Je 1 fM in die nächsten 21/25/25 M (= 21/25/25 M). Die letzten 5 M bleiben unbearbeitet. Wenden Sie die Arbeit ab hier stets mit 1 Lm, ohne 1 Km in die erste M der R zu häkeln! 12.–19./23./25. R: 1 fM in jede M der Vor-R (= 21/25/25 M). 20./24./26. R: 21/25/25 fM, 3/5/5 Lm, 1 Km in die erste M der R (= 24/30/30 M). Häkeln Sie ab hier wieder die R wie zu Beginn beschrieben.
21./25./27. R:1 fM in jede M der Vor-R (= 24/30/30 M).
22./26./28. R: * 2/3/3 fM, 1 M abn *, von * bis * noch 5x wdh (= 18/24/24 M).
23./27./29. R: * 1/2/2 fM, 1 M abn *, von * bis * noch 5x wdh (= 12/18/18 M).
24./28./30. R: * 0/1/1 fM, 1 M abn *, von * bis * noch 5x wdh (= 6/12/12 M).
25./29./31. R: * 1 M überspr 1 Km *, von * bis * noch 2x wdh (= 3 M). Größe 2 und 3: 6x 1 M abn (= 6 M).
Größe 1: Faden sichern und abschneiden. Für Größe 2 und 3 noch 1 R häkeln:
30./32. R: * 1 M überspr, 1 Km *, von * bis * noch 2x wdh (= 3 M). Faden sichern und abschneiden.

Schlingen Sie den Faden in Rosa am Rand der Schuhöffnung neu an und umhäkeln sie diesen mit fM. An den zwei vorderen Innenkanten der Schuhöffnung bitte je 1 M abn.

FERTIGSTELLEN

Binden Sie aus einem Stück Faden in Fresie eine kleine Schleife und nähen Sie diese auf der Schuhoberseite an. Nähen Sie mittig auf die Schleife die Kunststoffperle. Schneiden Sie zwei ca. 40 cm lange Bänder des Textilgarns ab und nähen Sie die Bänder jeweils links und rechts innen am vorderen Teil der Schuhöffnung an. Häkeln Sie nach obiger Anleitung ein zweites Schühchen.

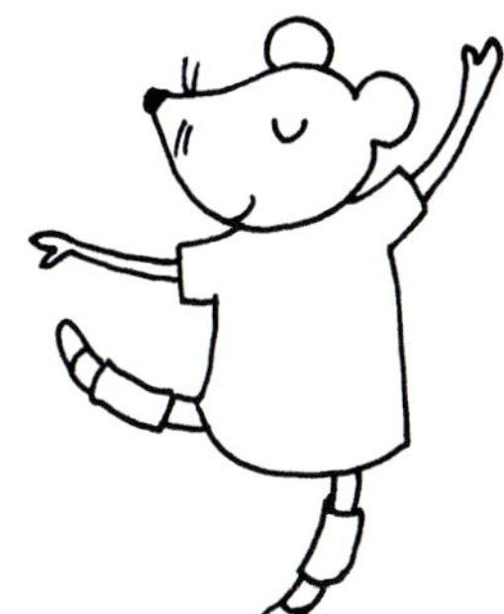

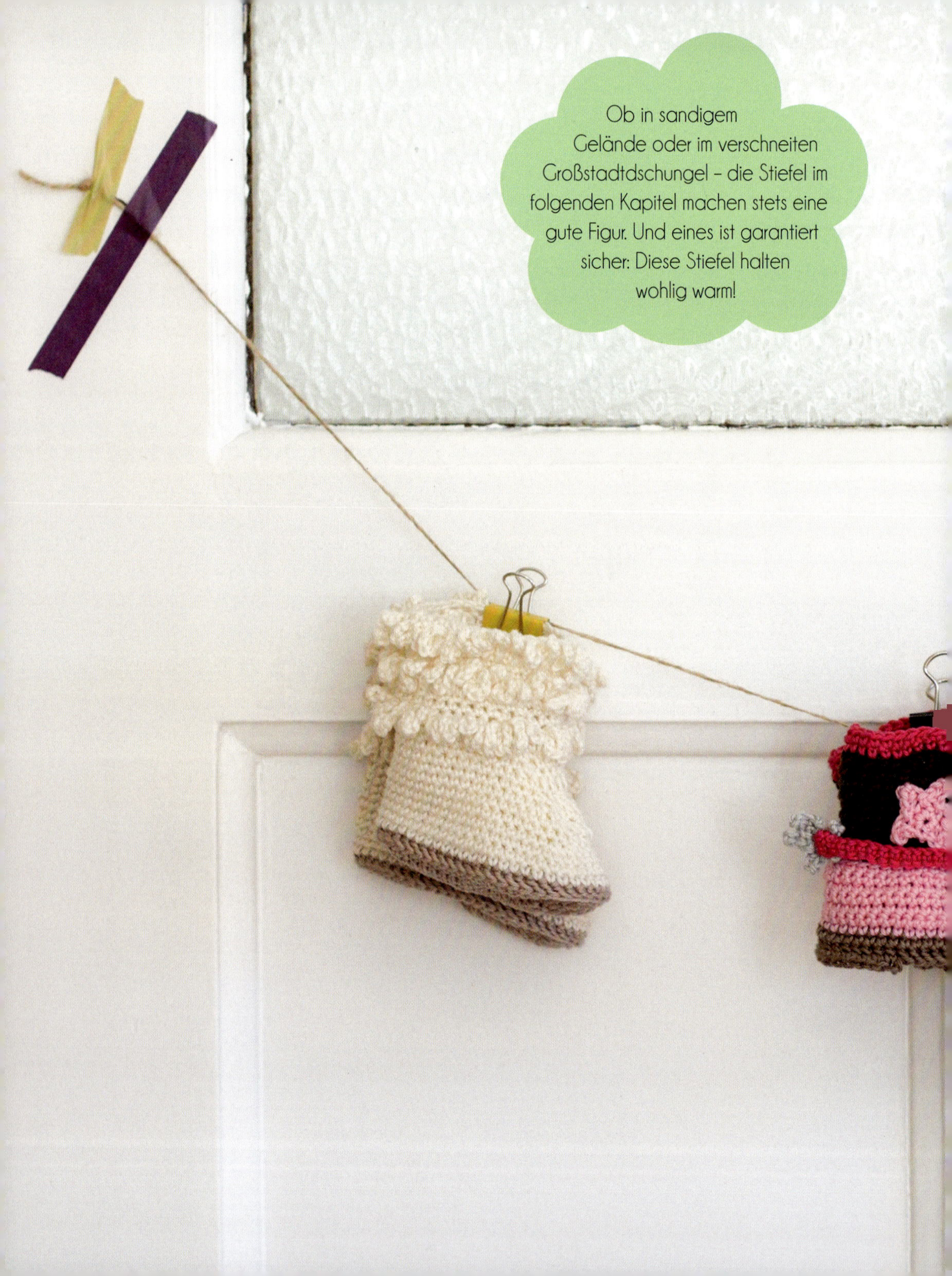
Ob in sandigem
Gelände oder im verschneiten
Großstadtdschungel – die Stiefel im
folgenden Kapitel machen stets eine
gute Figur. Und eines ist garantiert
sicher: Diese Stiefel halten
wohlig warm!

JETZT WIRD'S WILD

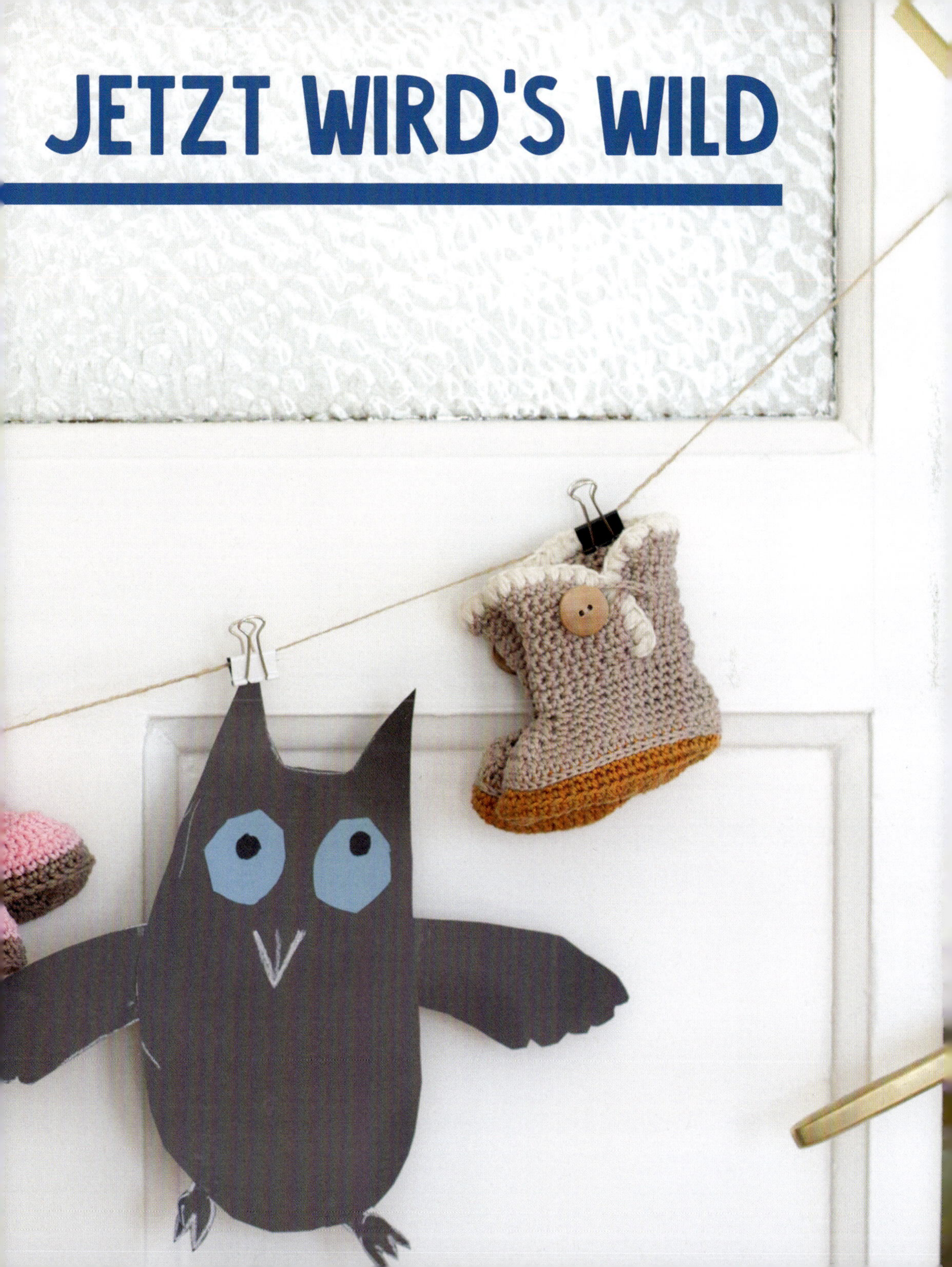

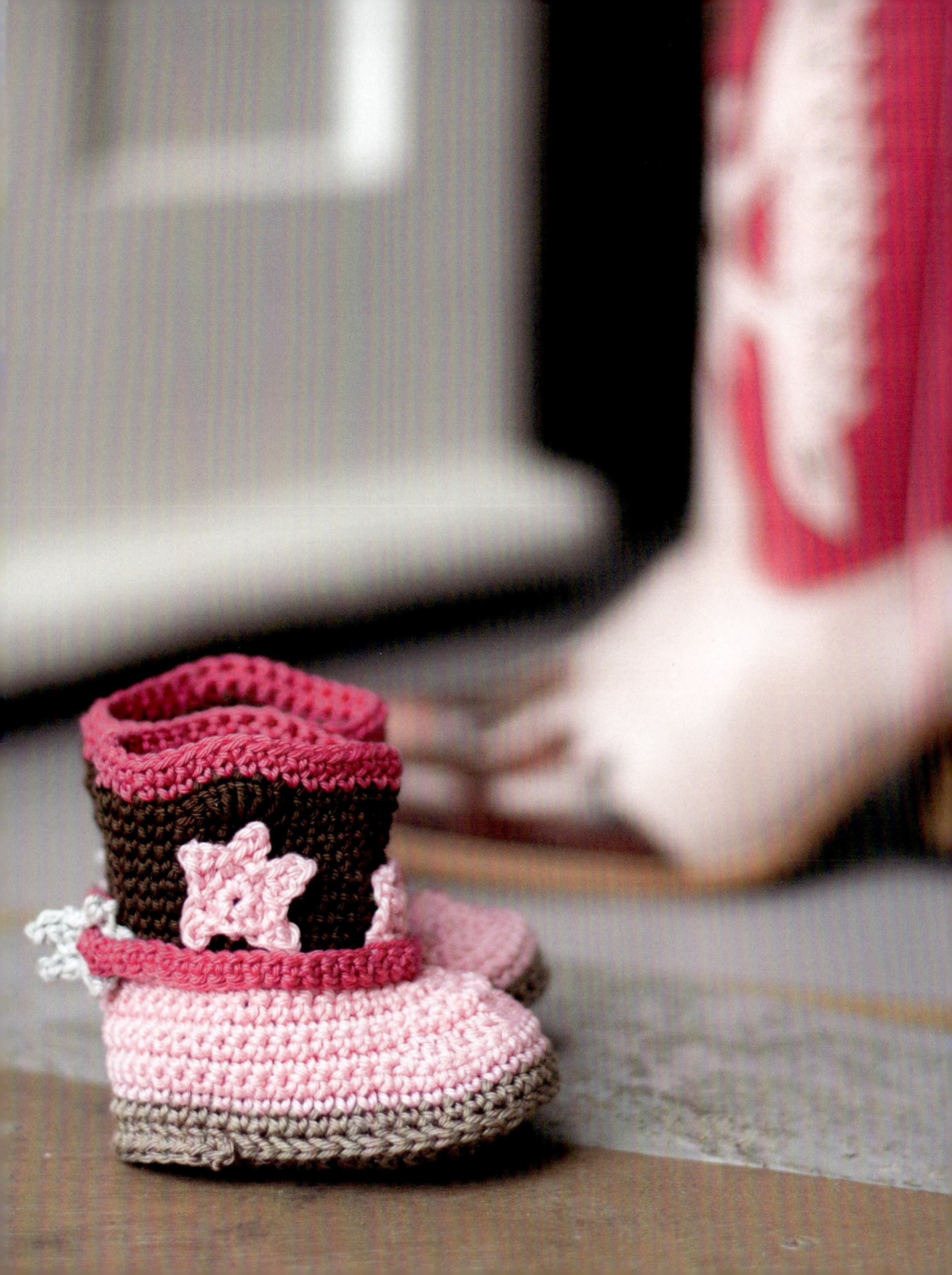

COWBOYSTIEFEL

Yeehaw! Lasst uns wie echte Cowboys und -girls in den Sonnenuntergang reiten! Diese Boots gehören zu jedem Ausflug in den Wilden Westen.

Material

Häkelnadel 2,5 mm
Schachenmayr original Catania (LL 125m/50g) in Taupe (Fb 254), Orchidee (Fb 222) und Kaffee (Fb 162), je 50 g und in Cyclam (Fb 114) und Silber (Fb 172), Rest

So wird's gemacht:

Für ein Schühchen
Es wird in Rd gehäkelt. Häkeln Sie am Anfang jeder Rd 1 Lm und schließen Sie die Rd mit 1 Km in die erste M der Rd. Wenden Sie die Arbeit im Regelfall nicht, außer es wird explizit gefordert! Häkeln Sie in Taupe eine Sohle nach der Grundanleitung und häkeln Sie danach wie folgt in Rd weiter:

1. Rd: 1 Relief-M hinten in jede M der Vor-Rd (= 51/55/57 M).
2. Rd: 1 fM in jede M der Vor-Rd (= 51/55/57 M). Fb-Wechsel zu Orchidee.
3. Rd: 1 fM in jede M der Vor-Rd (= 51/55/57 M), wenden.
4. Rd: 1 fM in jede M der Vor-Rd (= 51/55/57 M), wenden.
5. Rd: 13/15/16 fM, 20 Stb, 18/20/21 fM (= 51/55/57 M), wenden.
6. Rd: 19/21/22 fM, 10x 1 M abn, 12/14/15 fM (= 41/45/47 M), wenden.
7. Rd: 1 fM in jede M der Vor-Rd (= 41/45/47 M), wenden.
8. Rd: 19/21/22 fM, 5x 1 M abn, 12/14/15 fM (= 36/40/42 M), wenden.
9. Rd: 11/13/14 fM, 2x 1 M abn, 1 fM, 2x 1 M abn, 13/15/16 fM, 1 M abn, 1 fM (= 31/35/37 M). Nach dieser Rd nicht mehr wenden. Fb-Wechsel zu Kaffee.
10. Rd: Nur in das hintere M-Glied häkeln: 1 fM in jede M der Vor-Rd (= 31/35/37 M).
11.–15. Rd: 1 fM in jede M der Vor-Rd (= 31/35/37 M).
16. Rd: 14/16/17 fM, 1 M zun, 15/17/18 fM, 1 M zun (= 33/37/39 M).
17. und 18. Rd: 1 fM in jede M der Vor-Rd (= 33/37/39 M).
19. Rd: 5/6/6 fM, 1 M überspr, 1 Stb, 4 Stb in 1 M, 1 Stb, 1 M überspr, 12/14/16 fM, 1 M überspr, 1 Stb, 4 Stb in 1 M, 1 Stb, 1 M überspr, 6/7/7 fM (= 35/39/41 M). Fb-Wechsel zu Cyclam.
20. und 21. Rd: 1 fM in jede M der Vor-Rd (= 35/39/41 M). Faden sichern und abschneiden.

Vordere Lasche

Es wird in R gehäkelt. Am Ende jeder R 1 Lm häkeln und die Arbeit wenden! Schlingen Sie den Faden in Orchidee am vorderen M-Glied der 12./14./16. M der 9. Rd neu an und häkeln Sie wie folgt weiter:
1. R: 1 fM in dieselbe M, in der Sie angeschlungen haben, je 1 fM in die nächsten 4 M (= 5 M).
2. R: 1 fM in jede M der Vor-R (= 5 M).
3. R: 1 M zun, 3 fM, 1 M zun (= 7 M).
4. R: 1 fM in jede M der Vor-R (= 7 M).
5. R: 1 M abn, 3 fM, 1 M abn (= 5 M).
6. R: 1 M abn, 1 fM, 1 M abn (= 3 M).
Faden sichern und abschneiden.

Absatz

Zählen Sie die M bis zur 5./7./8. M der letzten Rd der Sohle ab, wenden Sie die Arbeit und schlingen Sie den Faden in Taupe an der besagten M neu an. Häkeln Sie 1 fM in dieselbe M, in der Sie angeschlungen haben und je 1 fM in die nächsten 15/19/21 M. Faden sichern und abschneiden.

Stern

1. Rd: Häkeln Sie in Orchidee 6 fM in einen Magic-Ring (= 6 fM).
2. Rd: 3 Lm, 1 Km in die 2. Lm von der Nd aus gesehen, 1 fM in die nächsten Lm, 1 Km in die 2. M des Magic-Rings, * 3 Lm, 1 Km in die 2. Lm von der Nd aus gesehen, 1 fM in die nächsten Lm, 1 Km in die nächste M des Magic-Rings *, von * bis * noch 3x wdh, 1 Km in die erste M der Rd.
Faden sichern und abschneiden.

Spore

Beginnen Sie für den Stern der Spore nicht mit einem Magic-Ring, häkeln Sie stattdessen eine Lm-Kette aus 6 Lm und schließen Sie den Ring mit 1 Km in die erste Lm. Häkeln Sie danach die 2. Rd wie für den Stern (siehe oben), indem Sie die Km in den Ring häkeln, sodass in der Mitte des Sterns eine Öffnung verbleibt.

Band

Schlagen Sie in Cyclam 43/47/49 Lm an, häkeln Sie 1 fM in die 2. Lm von der Nd aus gesehen und je 1 fM in jede weitere Lm (= 42/46/48 M). Führen Sie nun das Band durch die Öffnung des silberfarbenen Sporensterns und nähen Sie die Enden des Bandes mit 2 Überwendlingsstichen zusammen.

Fertigstellen

Nähen Sie den Stern mit orchideefarbenem Garn seitlich außen am Stiefel an. Nähen Sie den Rand der vorderen Lasche mit Vorstichen in Orchidee am Stiefel an.
Stülpen Sie das Sporenband über die Öffnung des Stiefels.

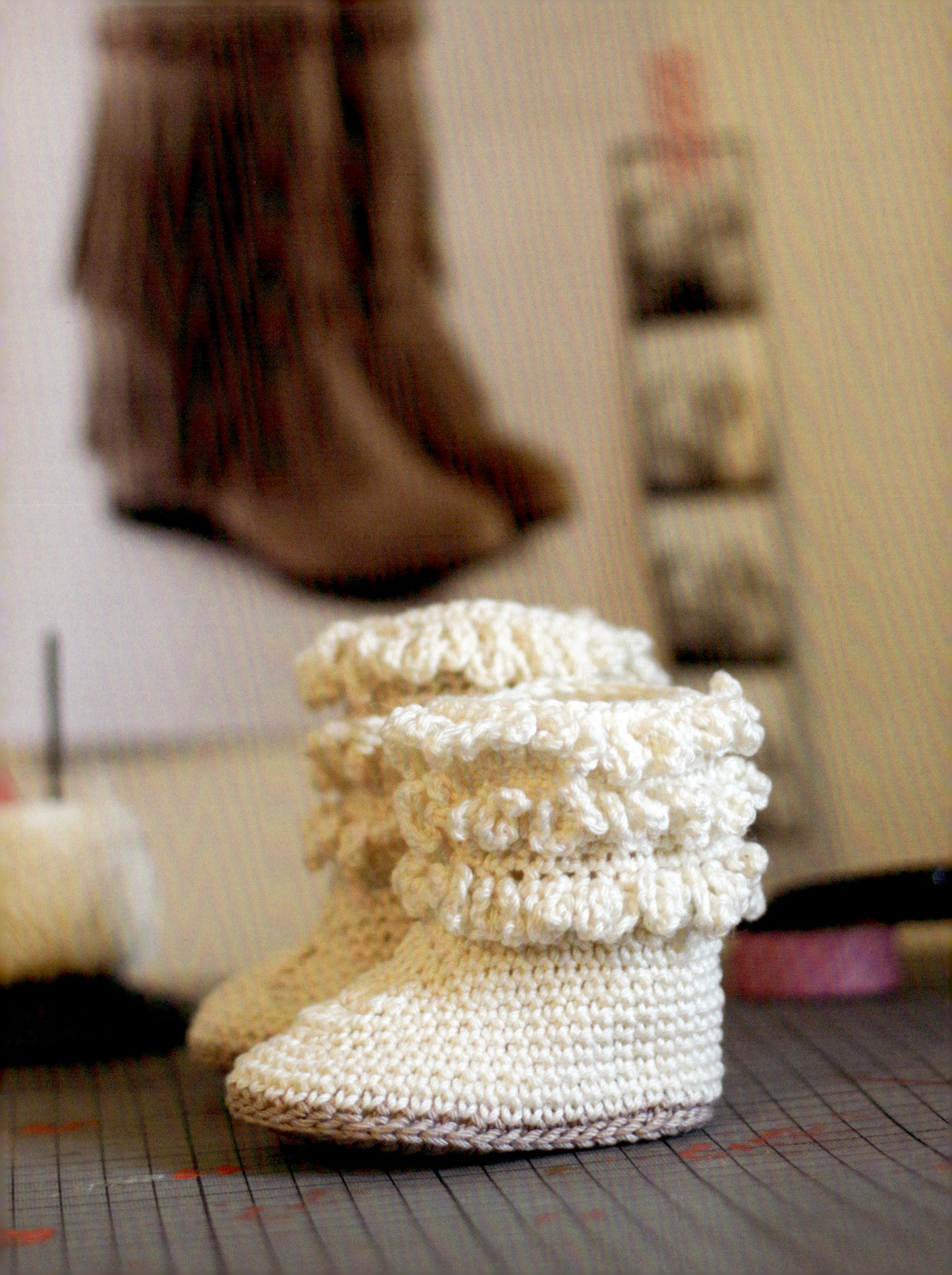

HIPPIE-STIEFEL

HIP UND VERSPIELT KOMMEN DIESE STIEFELCHEN MIT FRANSEN DAHER – PASSEND ZU EINER WARMEN STRUMPFHOSE UND EINEM WARMEN RÖCKCHEN.

MATERIAL

Häkelnadel 2,5 mm
Schachenmayr original Catania (LL 125m/50g) in Bast (Fb 257) und in Crème (Fb 130), je 50 g

SO WIRD'S GEMACHT:

Es wird in Rd gehäkelt. Am Anfang der Rd 1 Lm häkeln und die Rd mit 1 Km in die erste M der Rd schließen. Die Arbeit nicht wenden!

Für ein Schühchen
Häkeln Sie in Bast eine Sohle nach der Grundanleitung und fahren Sie in Bast folgendermaßen fort:

1. Rd: 1 Relief-M hinten in jede M der Vor-Rd (= 51/55/57 M).
Fb-Wechsel zu Crème.
2.–4. Rd: 1 fM in jede M der Vor-Rd (= 51/55/57 M).
5. Rd: 18/20/21 fM, 2x 1 M abn, 4 fM, 2x 1 M abn, 21/23/24 fM (= 47/51/53 M).
6. Rd: 19/21/22 fM, 1 M abn, 2 fM, 1 M abn, 22/24/25 fM (= 45/49/51 M).
7. Rd: 18/20/21 fM, 1 hStb, 4 Stb, 1 hStb, 21/23/24 fM (= 45/49/51 M).
8. Rd: 15/17/18 fM, 2x 1 M abn, 4 Stb, 2x 1 M abn, 16/18/19 fM, 1 M abn (= 40/44/46 M).
9. Rd: 14/16/17 fM, 5x 1 M abn, 16/18/19 fM (= 35/39/41 M).
10. Rd: 12/14/15 fM, 2 hStb, 5 Stb, 2 hStb, 14/16/17 fM (= 35/39/41 M).
11. Rd: 12/14/15 fM, 1 M abn, 5 fM, 1 M abn, 14/16/17 fM (= 33/37/39 M).
12. Rd: 11/13/14 fM, 1 M abn, 5 fM, 1 M abn, 13/15/16 fM (= 31/35/37 M).
13. Rd: 9 Lm, 1 fM in die erste M der Rd, * 1 Km in die nächste M, 9 Lm, 1 fM in dieselbe M, in die Sie die letzte Km gehäkeln haben *, von * bis * noch 29x/33x/35x wdh, 1 Km in die erste fM der Rd und nicht in die Lm-Kette (= 31/35/37 M; gezählt werden nur die fM).
14. Rd: 1 fM in jede fM der Vor-Rd. Die Km und Lm-Bögen werden übersprungen (= 31/35/37 M).
15. und 16. Rd: 1 fM in jede M der Vor-Rd (= 31/35/37 M).
17. Rd: 9 Lm, 1 fM in die erste M der Rd, * 1 Km in die nächste M, 9 Lm, 1 fM in dieselbe M, in die Sie die letzte Km gehäkeln haben *, von * bis * noch 29x/33x/35x wdh, 1 Km in die erste fM der Rd und nicht in die Lm-Kette (= 31/35/37 M; gezählt werden nur die fM).
18. Rd: 1 fM in jede fM der Vor-Rd (Die Km und Lm-Bögen werden übersprungen) (= 31/35/37 M).
19. und 20. Rd: 1 fM in jede M der Vor-Rd (= 31/35/37 M).
21. Rd: 9 Lm, 1 fM in die erste M der Rd, * 1 Km in die nächste M, 9 Lm, 1 fM in dieselbe M, in die Sie die letzte Km gehäkeln haben *, von * bis * noch 29x/33x/35x wdh, 1 Km in die erste fM der Rd und nicht in die Lm-Kette (= 31/35/37 M; gezählt werden nur die fM).
22. Rd: 1 fM in jede fM der Vor-Rd (Die Km und Lm-Bögen werden übersprungen) (= 31/35/37 M).
Wenden Sie die Arbeit nach dieser Rd.
23. Rd: 1 fM in jede M der Vor-Rd (= 31/35/37 M).
Faden sichern und abschneiden.
Den zweiten Schuh genauso arbeiten.

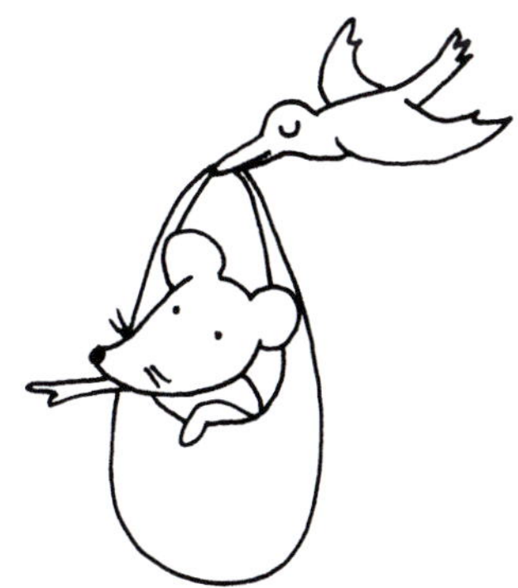

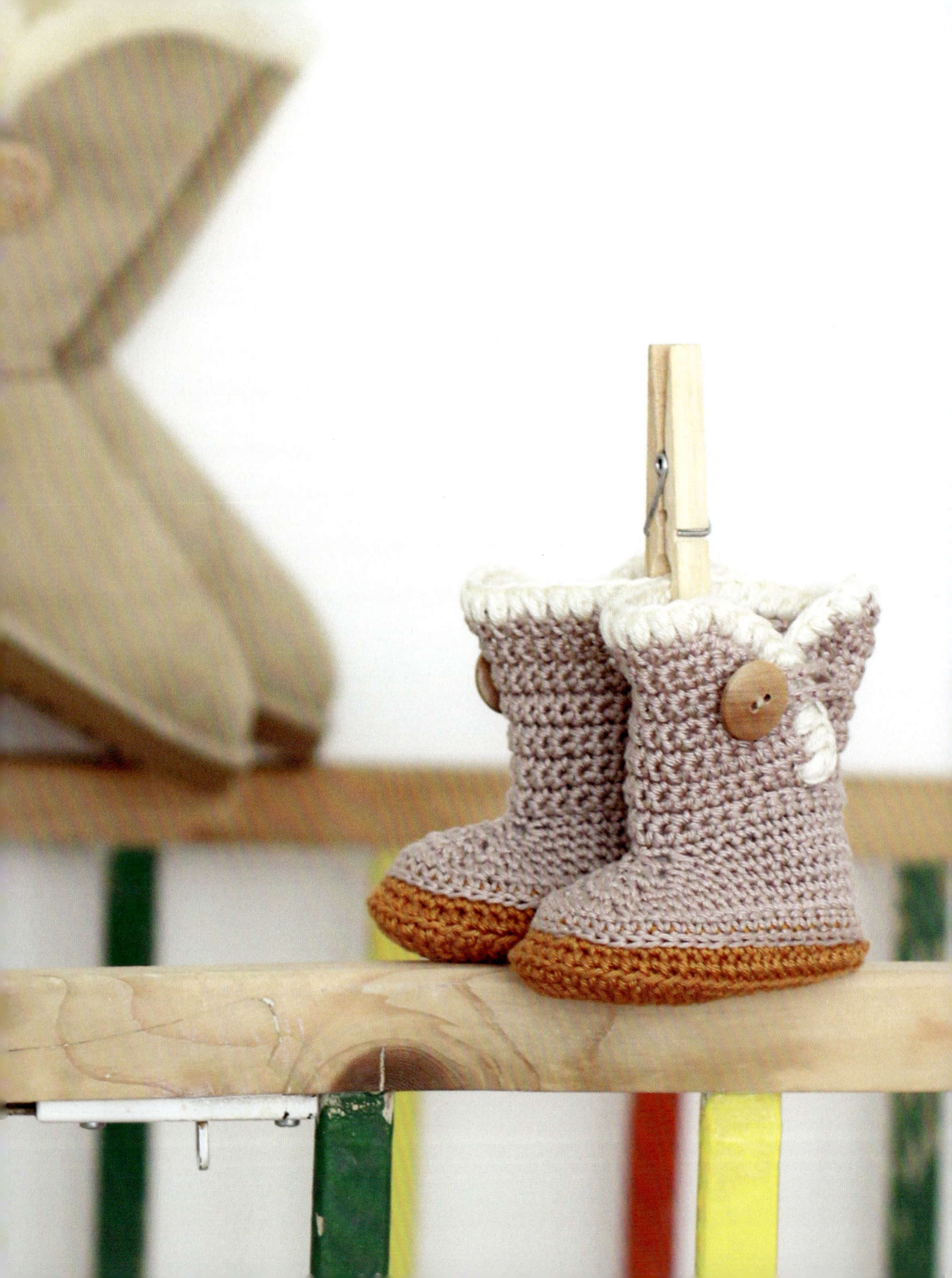

FELL-BOOTS

Diese Stiefel sind nicht nur richtig cool, sie halten auch richtig warm! Kein Wunder, dass jeder sie haben will.

Material

Häkelnadel 2,5 mm
Schachenmayr original Catania (LL 125m/50g) in Zimt (Fb 383) und Bast (Fb 257), je 50 g und in Crème (Fb 130),
Rest 2 Holzknöpfe in Naturoptik, ⌀ 20 mm

So wird's gemacht:

Für ein Schühchen
Häkeln Sie in Zimt eine Sohle nach der Grundanleitung und fahren Sie zunächst in derselben Farbe in Rd fort. Häkeln Sie am Anfang jeder Rd 1 Lm und am Ende 1 Km in die erste M der Rd.
Wenden Sie die Arbeit nicht, außer es wird explizit gefordert!

Linkes und rechtes Schühchen

1. Rd (nur in das hintere M-Glied häkeln): 1 fM in jede M der Vor-Rd (= 51/55/ 57 M).
2. Rd: 1 fM in jede M der Vor-Rd (= 51/55/57 M).
Fb-Wechsel zu Bast, 1 Lm und Arbeit wenden.
3. Rd: 1 fM in jede M der Vor-Rd (= 51/55/57 M), 1 Lm und Arbeit wenden.
4. Rd: 18/20/21 fM, 1 M abn, 5 fM, 1 M abn, 24/26/27 fM (= 49/53/55 M). Arbeit nicht wenden.
5. Rd: 19/21/22 fM, 1 M abn, 1 fM, 1 M abn, 23/25/26 fM, 1 M abn (= 46/50/52 M).
6. Rd: 14/16/17 fM, 3x 1 M abn, 1 fM, 3x 1 M abn, 16/18/19 fM, 1 M abn, 1 fM (= 39/43/45 M).
7. Rd: 1 M abn, 11/13/14 fM, 2x 1 M abn, 1 fM, 2x 1 M abn, 14/16/17 fM, 1 M abn, 1 fM (= 33/37/39 M).
8. Rd: 11/13/14 fM, 1 M abn, 3 M zus häkeln, 1 M abn, 15/17/18 fM (= 29/33/ 35 M).
9. und 10. Rd: 1 fM in jede M der Vor-Rd (= 29/33/35 M), 1 Lm und Arbeit wenden.
11. Rd: 1 fM in jede M der Vor-Rd (= 29/33/35 M).
Faden abschneiden und für das entsprechende Schühchen in der 12 R. weiterhäkeln. Es wird fortan nur noch in R weitergehäkelt. Am Ende jeder R häkeln Sie 1 Lm und wenden die Arbeit.

Rechtes Schühchen
Schlingen Sie den Faden in Bast am vorderen M-Glied der 23./27./ 29. M der 11. R neu an und häkeln Sie wie folgt weiter: 1 Lm, Arbeit wenden.
12. R: Nur in das hintere M-Glied häkeln: 4 fM, wieder in beide M-Glieder: 25/29/31 fM, 4 fM nur in das vordere M-Glied (dieselben 4 M wie am Anfang der R) (= 33/37/39 M).
13.–16. R: 1 fM in jede M der Vor-R (= 33/37/39 M).
17. R: 31/35/37 fM, 1 M abn (= 32/36/38 M).
18. R: 1 fM in jede M der Vor-R (= 32/36/38 M).
19. R: 30/34/36 fM, 1 M abn (= 31/35/37 M).
20. R: 1 fM in jede M der Vor-R (= 31/35/37 M).
21. R: 1 M abn, 27/31/33 fM, 1 M abn (= 29/33/35 M).
22. R: 1 M abn, 25/29/31 fM, 1 M abn (= 27/31/33 M).
Faden sichern und abschneiden.

Linkes Schühchen
Schlingen Sie den Faden in Bast am hinteren M-Glied der 8. M der 11. R neu an und häkeln Sie wie folgt weiter: 1 Lm, Arbeit wenden.
12. R: Nur in das vordere M-Glied häkeln: 4 fM, wieder in beide M-Glieder: 25/29/31 fM, 4 fM nur in das hintere M-Glied (dieselben 4 M wie am Anfang der R) (= 33/37/39 M).
13.–16. R: 1 fM in jede M der Vor-R (= 33/37/39 M).
17. R: 1 M abn, 31/35/37 fM (= 32/36/38 M).
18. R: 1 fM in jede M der Vor-R (= 32/36/38 M).
19. R: 1 M abn, 30/36/38 fM (= 31/35/37 M).
20. R: 1 fM in jede M der Vor-R (= 31/35/37 M).
21. R: 1 M abn, 27/31/33 fM, 1 M abn (= 29/33/35 M).
22. R: 1 M abn, 25/29/31 fM, 1 M abn (= 27/31/33 M).
Faden sichern und abschneiden.

Fellumrandung (beide Schühchen)

Schlingen Sie den Faden in Crème an der letzten M der 12. R neu an und umhäkeln Sie den Rand des Schühchens, indem Sie in jedes R-Ende bzw in jede M je 1 Tulpen-M häkeln.

Fertigstellen

Auf Höhe der 18. R den Knopf seitlich festnähen. Die Schlinge auf gleicher Höhe am gegenüberliegenden Teil der seitlichen Öffnung anhäkeln. Schlingen Sie dafür den Faden in Bast neu an und häkeln Sie 20 Lm. Fixieren Sie die Lm-Kette mit einer Km in dieselbe Stelle, an der Sie den Faden neu angeschlungen haben. Je nachdem, wie eng bzw. weit die Schuhöffnung sein soll, häkeln Sie weniger bzw. mehr Lm für die Schlinge.

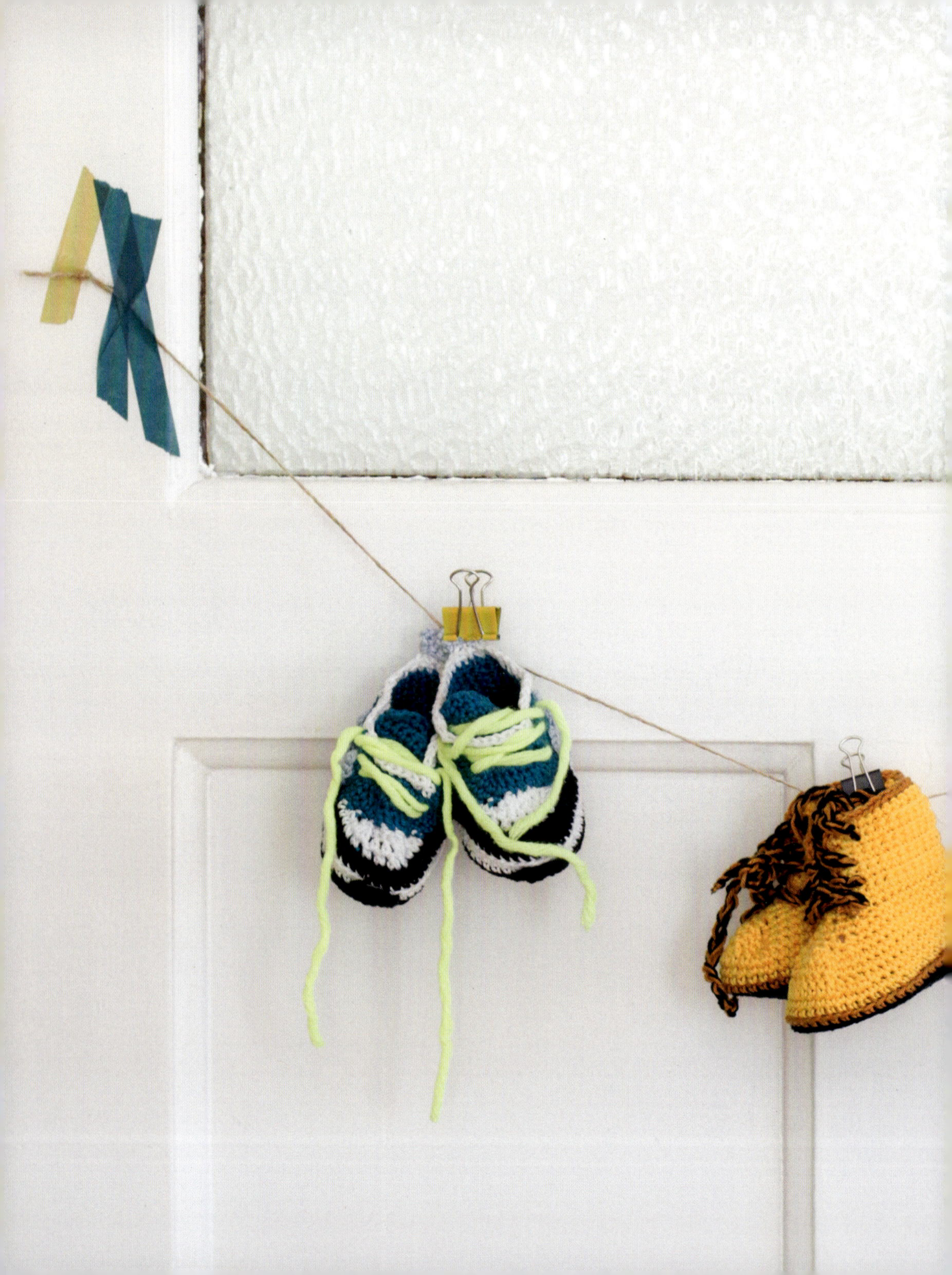

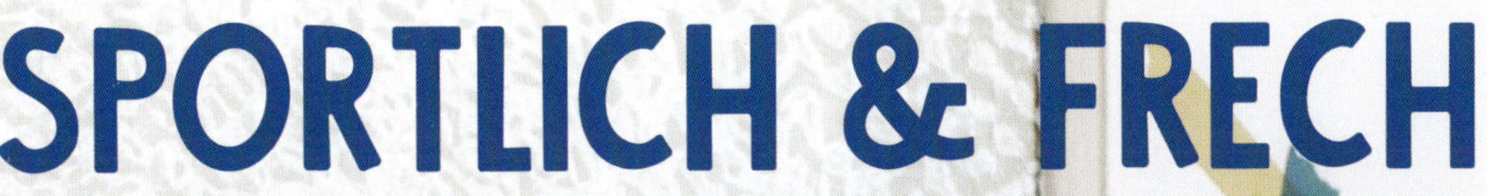

SPORTLICH & FRECH

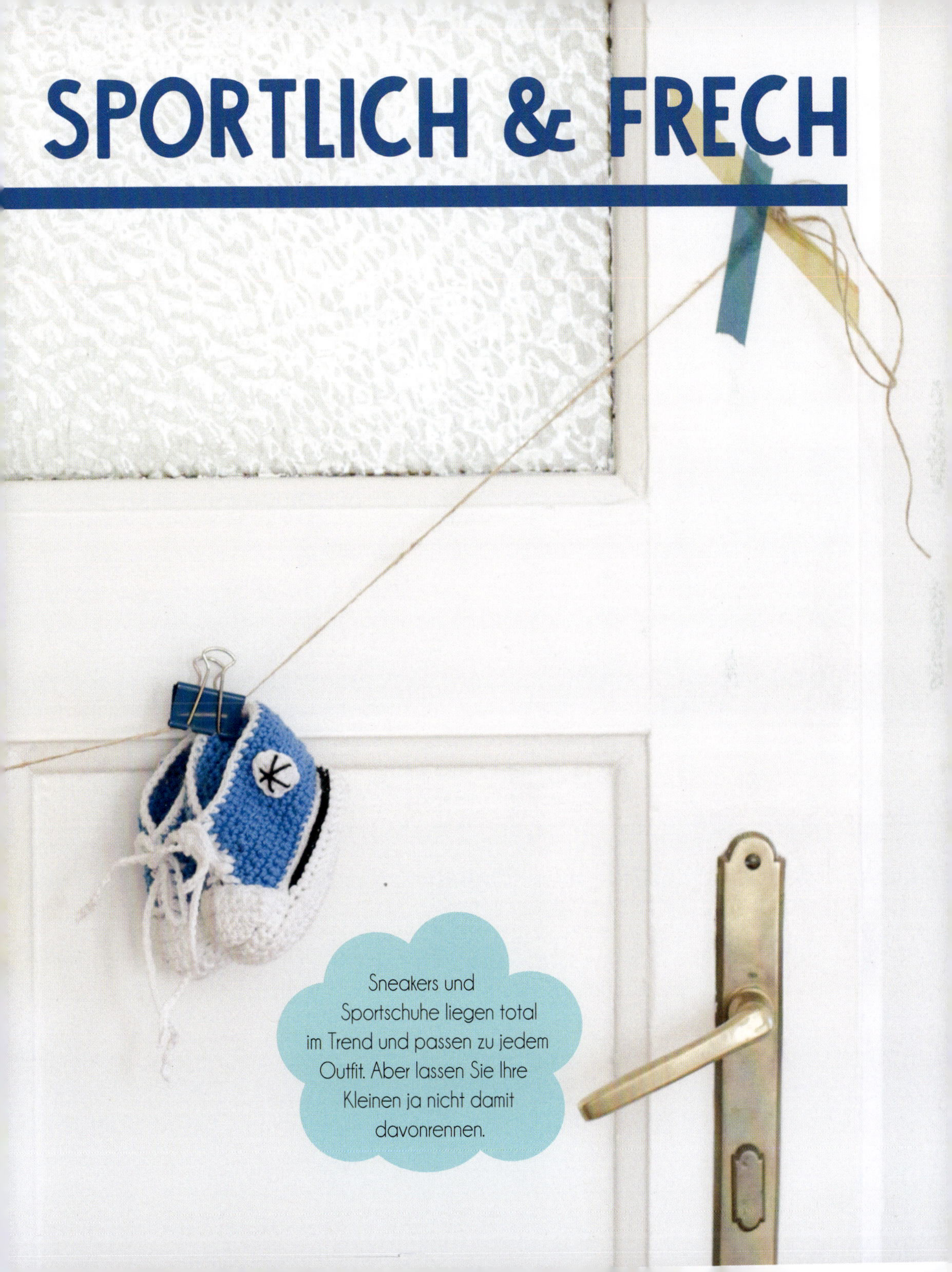

Sneakers und
Sportschuhe liegen total
im Trend und passen zu jedem
Outfit. Aber lassen Sie Ihre
Kleinen ja nicht damit
davonrennen.

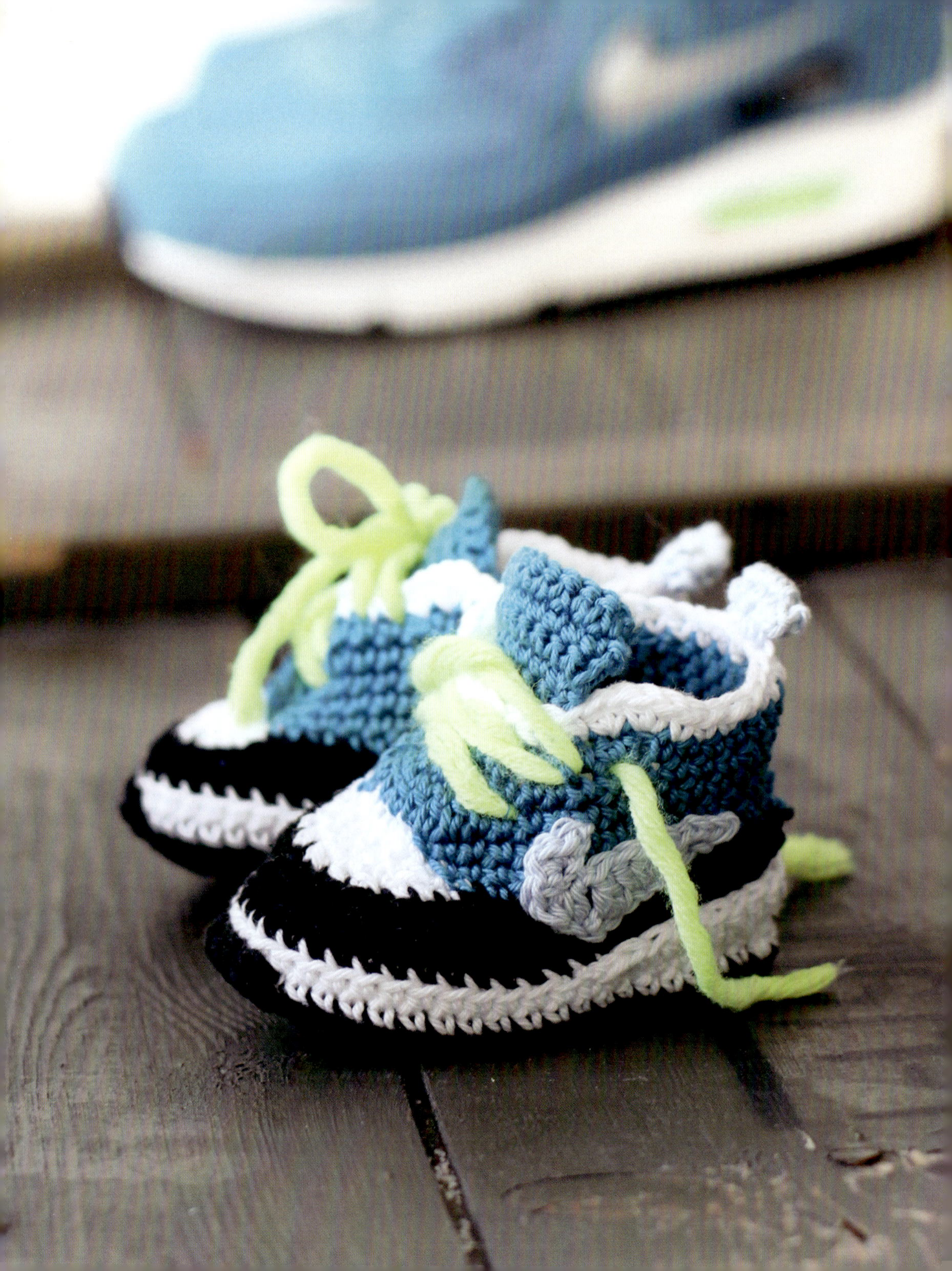

TURNSCHUHE

Laufen muss das Baby noch nicht können, um in diesen sportlichen Sneakers eine gute Figur abzugeben. Stylen Sie Ihre persönlichen Turnschuhe und setzen Sie mutige Farbakzente!

Material

Häkelnadel 2,5 mm
Schachenmayr original Catania (LL 125m/50g) in Schwarz (Fb 110), Weiß (Fb 106) und Hellblau (Fb 173), je 50 g und ONline Linie 165 Sandy (Fb 173), 50 g und ONline Linie 55 Montego (Fb 24)
Sticknadel

So wird's gemacht:

Für ein Schühchen
Häkeln Sie nach der Grundanleitung in Schwarz eine Sohle. Am Ende der Rd nehmen Sie einen Fb-Wechsel zu Weiß vor und häkeln wie folgt in Rd weiter:
1. Rd: Nur in das hintere M-Glied häkeln: 1 fM in jede M der Vor-Rd (= 51/55/57 M).
2. Rd: 1 fM in jede M der Vor-Rd (= 51/55/57 M).
Fb-Wechsel zu Schwarz.
3. Rd: Nur in das hintere M-Glied häkeln: 1 fM in jede M der Vor-Rd (= 51/55/57 M).
4. Rd: 3 Lm (zählen als 1. Stb), 2 Stb, [1 Stb und 1 hStb] in 1 M, 6/8/9 fM, 1 hStb, 2 Stb, 1 hStb, 18 fM, 1 hStb, 2 Stb, 1 hStb, 6/8/9 fM, [1 hStb und 1 Stb] in 1 M, 8 Stb. 1 Km in die 3 Lm des 1. Stb der Rd (= 53/57/59 M).
5. Rd: 1 fM in jede M der Vor-Rd (= 53/57/59 M). Fb-Wechsel zu Türkis.
6. Rd: Nur in das hintere M-Glied häkeln: 15/17/18 fM, Fb-Wechsel zu Weiß, 3 fM, 6x 1 M abn, 3 fM, Fb-Wechsel zu Türkis, 16/18/19 fM, 2x 1 M abn (= 45/49/51 M).
7. Rd: 16/18/19 fM, Fb-Wechsel zu Weiß, 1 M abn, 6 Stb, 1 M abn, Fb-Wechsel zu Türkis, 19/21/22 fM (= 43/47/49 M).
8. Rd: 17/19/20 fM, Fb-Wechsel zu Weiß, 3x 1 M abn, Fb-Wechsel zu Türkis, 20/22/23 fM (= 40/44/46 M).
9. Rd: 15/17/18 fM, 7 Stb, 18/20/21 fM (= 40/44/46 M).
10. Rd: 13/15/16 fM, 2x 1 M abn, 5 Stb, 2x 1 M abn, 14/16/17 fM (= 36/40/42 M).
11. Rd: 9/11/12 fM, 2 hStb in 1 M, 3 fM, 1 M abn, 7 fM, 1 M abn, 3 fM, 2 hStb in 1 M, 8/10/11 fM (= 36/40/42 M). Fb-Wechsel zu Weiß.
12. Rd: 4 hStb, 5/7/8 fM, 2x 2 hStb in 1 M, 2x 1 M abn, nur in das vordere M-Glied häkeln: 7 fM, wieder in beide M-Glieder häkeln: 2x 1 M abn, 2x 2 hStb in 1 M, 5/7/8 fM, 3 hStb (= 36/40/42 M). Faden sichern und abschneiden.
Schlingen Sie den Faden in Hellblau am vorderen M-Glied der 35./39./41. M der 12. Rd neu an und häkeln Sie in R weiter. Am Ende der R 1 Lm häkeln und die Arbeit wenden.
1.–4. R: 4 fM (= 4 M).
Faden sichern und abschneiden. Falten Sie das gehäkelte Teil in der Mitte und nähen Sie die letzte R mit Überwendlingsstichen an der letzten Rd des Schuhs an.

Lasche

Schlingen Sie den Faden in Türkis am hinteren M-Glied der 15. M der 11. Rd neu an und häkeln Sie in R weiter. Häkeln Sie am Ende der R 1 Lm und wenden Sie die Arbeit.
1. R: 1 M zun, 5 fM, 1 M zun (= 9 M).
2. R: 1 fM in jede M der Vor-R (= 9 M).
3. R: 1 M zun, 7 fM, 1 M zun (= 11 M).
4.–6. R: 1 fM in jede M der Vor-R (= 11 M). Faden sichern und abschneiden.

Zeichen

Schlagen Sie in Hellblau 9 Lm an. Häkeln Sie 1 Km in die 2. Lm von der Nd aus gesehen, 1 Km, 2 fM, 2 Stb, 2 Stb zushäkeln, 4 Lm, 1 Km in die 2. Lm von der Nd aus gesehen, 2 fM in 1 Lm, [1 fM, 1 hStb, 1 Stb] in 1 Lm, 1 Km in die allererste Lm. Nähen Sie das Zeichen mit Vorstichen seitlich am Schuh fest.

Hinterer Schuhteil (Dicker Absatz)

Schlingen Sie den Faden in Weiß am vorderen M-Glied der 38./42./44. M der 2. Rd des Schuhs neu an und häkeln Sie wie folgt weiter:
1. R: 1 Km in dieselbe M, in die Sie angeschlungen haben, 2 fM, 2 hStb, 13 Stb, 2 hStb, 2 fM, 1 Km.
Faden sichern und lang abschneiden. Nähen Sie mit dem lang abgeschnittenen Faden das Teil mit Vorstichen fest.

Vorderer Schuhteil

Schlingen Sie den Faden in Schwarz am vorderen M-Glied der 20./22./23. M der letzten Rd der Sohle neu an und häkeln Sie in R weiter. Am Ende der R 1 Lm häkeln und die Arbeit wenden!
1. R: 1 M abn, 2 fM, 1 M abn (= 4 M).
2. R: 1 fM in jede M der Vor-R (= 4 M).
Faden sichern und abschneiden. Nähen Sie das Teil mit einigen Vorstichen am Schuh fest.

Schuhband

Fädeln Sie mithilfe einer Sticknd das neongelbe Garn wie ein Schuhband an den entsprechenden M durch die Arbeit.

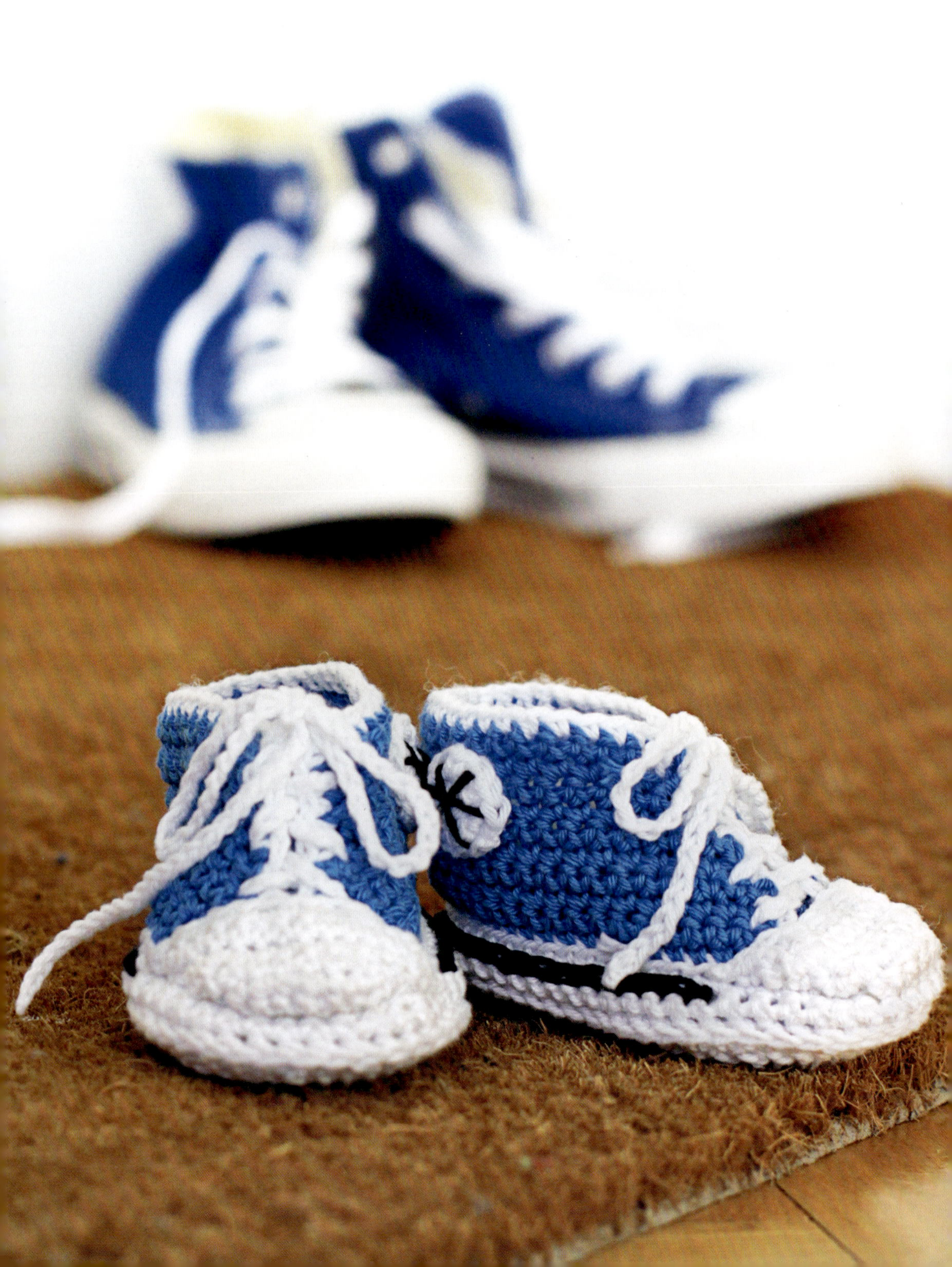

BASKETBALLSCHUHE

IMMER SCHÖN LÄSSIG BLEIBEN! DIESER SCHUHKLASSIKER DARF IN KEINEM SCHRANK FEHLEN, DENN ER PASST ZU JEDEM OUTFIT.

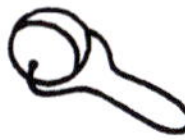

MATERIAL

Häkelnadel 2,5 mm
Schachenmayr Catania (LL 125m/50g) in Capri (Fb 384) und Weiß (Fb 106), je 50 g, Faden in Schwarz zum Aufsticken des Sterns

SO WIRD'S GEMACHT:

Für ein Schühchen
Häkeln Sie eine Sohle in Weiß nach der Grundanleitung.
Es wird in R gehäkelt. Achten Sie in der Anleitung auf die expliziten Anweisungen (Km und wenden).

BASIS

1. R: 1 Relief-M hinten in jede M der Vor-Rd, 1 Km in die 1. M der Rd, Arbeit wenden (= 51/55/57 M).
2. R: 1 fM in jede M der Vor-Rd, 1 Km in die 1. M der Rd, Arbeit wenden (= 51/55/57 M).
3. R: 1 fM in jede M der Vor-Rd, 1 Km in die 1. M der Rd (=51/55/57).
Faden sichern und abschneiden. Arbeit nicht wenden.
Überspr Sie 21/23/24 M der Vor-Rd und schlingen Sie den Faden in Weiß neu an.
4. R: Nur ins vordere M-Glied häkeln: 3 fM, 1 Km, 1 Lm und Arbeit wenden (= 4 M).
5. R: 4 fM, 1 fM in das hintere M-Glied der nächsten M der 3. R, 1 Km in das hintere M-Glied der nächsten M, 1 Lm und Arbeit wenden (= 6 M).
6. R: 6 fM, 1 fM in das vordere M-Glied der nächsten M der 3. R, 1 Km in das vordere M-Glied der nächsten M, 1 Lm und Arbeit wenden (= 8 M).
7. R: 8 fM, 1 fM in das hintere M-Glied der nächsten M der 3. R, 1 Km in das hintere M-Glied der nächsten M, 1 Lm und Arbeit wenden (= 10 M).
8. R: 10 fM, 1 fM in das vordere M-Glied der nächsten M der 3. R, 1 Km in das vordere M-Glied der nächsten M, 1 Lm und Arbeit wenden (= 12 M).
9. R: 12 fM, 1 fM in das hintere M-Glied der nächsten M der 3. R, 1 Km in das hintere M-Glied der nächsten M, 1 Lm und Arbeit wenden (= 14 M).
10. R: 14 fM, 1 fM in das vordere M-Glied der nächsten M der 3. R, 1 Km in das vordere M-Glied der nächsten M (= 16 M).
Faden sichern und abschneiden.
Für die Lasche überspr Sie die ersten 18/20/21 M der 3. R. Schlingen Sie den Faden in Capri an der 19./21./22. M neu an. Es wird in R gehäkelt. Am Ende der R 1 Lm häkeln und Arbeit wenden.

1.–13. R: 10 fM (= 10 M).
14. R: 1 M abn, 6 fM, 1 M abn (= 8 M).
15. R: 1 M abn, 4 fM, 1 M abn (= 6 M).
16. R: 3x 1 M abn (= 3 M).
Faden sichern und abschneiden. Schlingen Sie den Faden an der nächsten M links von der Lasche in Capri neu an und häkeln Sie in R wie folgt weiter:

1. R: Nur in das hintere M-Glied: 1 fM in jede noch freie M der 3. R der Basis (= 41/45/47 M).
2. und 3. R: 1 fM in jede M der Vor-R (= 41/45/47 M).
4. R: 1 M abn, 37/41/43 fM, 1 M abn (= 39/43/45 M).
5. R: 1 M abn, 35/39/41 fM, 1 M abn (= 37/41/43 M).
6. R: 1 M abn, 33/37/39 fM, 1 M abn (= 35/39/41 M).
7. R: 1 M abn, 31/35/37 fM, 1 M abn (= 33/37/39 M).
8. R: 1 M abn, 29/33/35 fM, 1 M abn (= 31/35/37 M).
9. und 10. R: 1 fM in jede M der Vor-R (= 31/35/37 M).
Faden sichern und abschneiden.

KREIS

Es wird in Rd gehäkelt. Am Anfang jeder Rd 1 Lm häkeln, am Ende der Rd mit 1 Km in die 1. M die Rd schließen. Arbeit nicht wenden.

1. Rd: Häkeln Sie in Weiß 6 fM in einen Magic-Ring (= 6 M).
Faden sichern und abschneiden.
Nähen Sie den Kreis mit Vorstichen in Weiß seitlich am Schuh fest und sticken Sie mit Vorstichen in Schwarz einen Stern mittig auf den Kreis.

SCHUHBÄNDER

Schlagen Sie in Weiß 120 Lm an.

FERTIGSTELLEN

Fädeln Sie die Schnürsenkel vorsichtig durch die Seitenränder des Schafts.

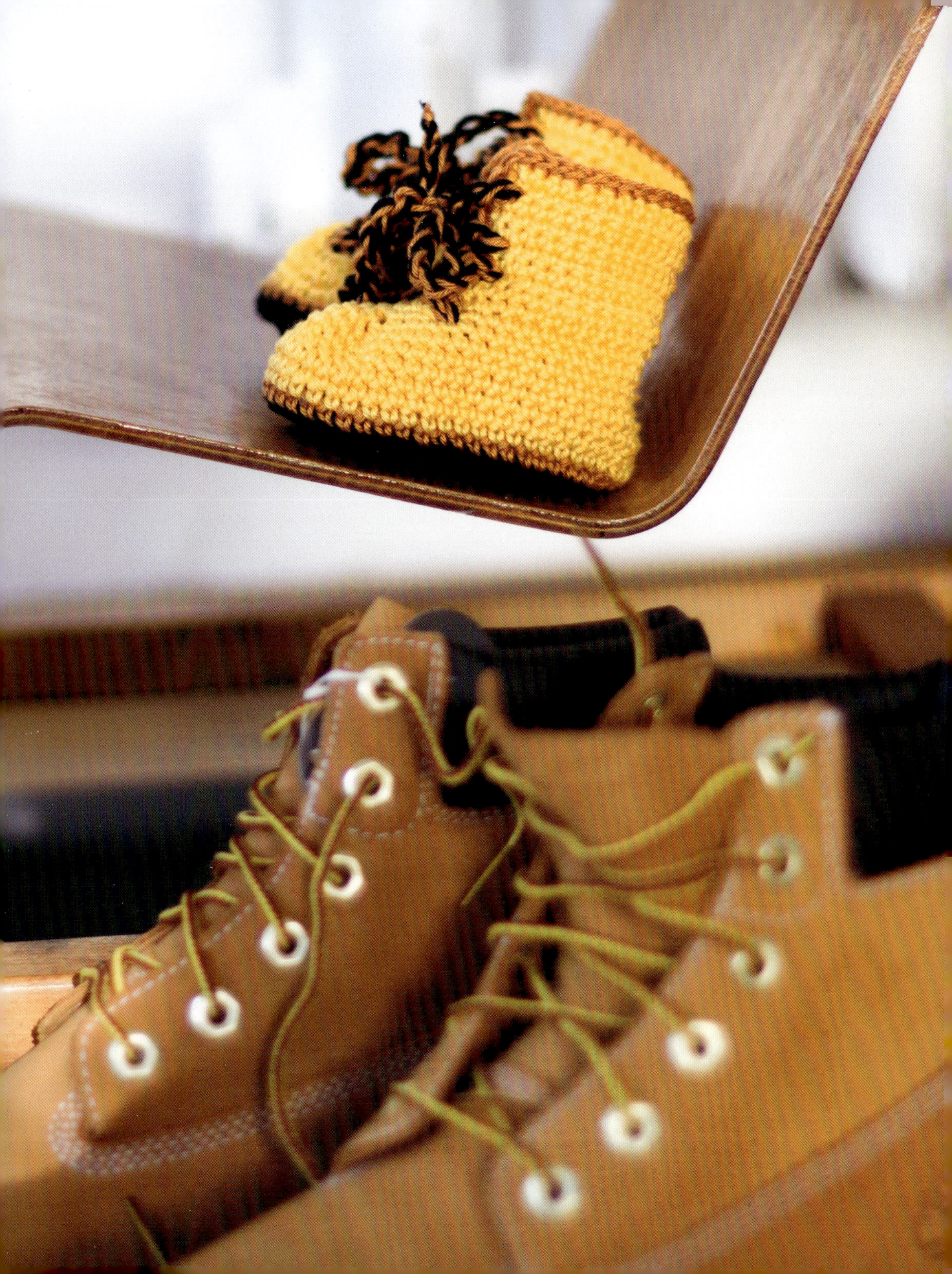

WANDERSTIEFEL

MIT DIESEN PRAKTISCHEN WANDERSTIEFELN ERKLIMMT IHR LIEBLING JEDEN GIPFEL. DA IST KEIN HÜGEL ZU HOCH, KEINE HERAUSFORDERUNG ZU GROß. DAS ABENTEUER KANN BEGINNEN!

MATERIAL

Häkelnadel 2,5 mm (für das Schühchen) und 6,0 mm (ausschließlich für die Schnürsenkel) Schachenmayr original Catania (LL 125m/50g) in Schwarz (Fb 110) und Sonne (Fb 208), je 50 g und in Zimt (Fb 249), Rest

SO WIRD'S GEMACHT:

Für ein Schühchen
Häkeln Sie eine Sohle in Schwarz nach der Grundanleitung und häkeln Sie in Schwarz in Rd weiter. Häkeln Sie am Ende der Rd 1 Km in die erste M der Rd und zu Beginn der neuen Rd 1 Lm.

1. Rd: 1 Relief-M hinten in jede M der Vor-Rd (= 51/55/57 M).
Fb-Wechsel zu Gold.
2. Rd: Nur in das hintere M-Glied häkeln: 1 fM in jede M der Vor-Rd (= 51/55/ 57 M).
Fb-Wechsel zu Sonne.
3. Rd: 1 fM in jede M der Vor-Rd (= 51/55/57 M).
4. Rd: 47/51/53 fM, 2x 1 M abn (= 49/53/55 M).
5. Rd: 16/18/19 fM, 14 Stb, 19/21/22 fM (= 49/53/55 M).
6. und 7. Rd: 1 fM in jede M der Vor-Rd (= 49/53/55 M).
8. Rd: 16/18/19 fM, 7x 1 M abn, 19/21/22 fM (= 42/46/48 M).
9. Rd: 15/17/18 fM, 2x 1 M abn, 1 fM, 2x 1 M abn, 18/20/21 fM (= 38/42/44 M).
10. Rd: 13/15/16 fM, 1 M abn, 7 fM, 1 M abn, 14/16/17 fM (= 36/40/42 M).
Faden sichern und abschneiden.

SCHAFT

Es wird nun in R weitergehäkelt. Am Ende jeder R 1 Lm häkeln und die Arbeit wenden.

1. R: Schlingen Sie den Faden in Sonne am vorderen M-Glied der 22./24./25. M der 10. Rd neu an. Nur in das vordere M-Glied: Häkeln Sie je 1 fM über 29/33/35 M (= 29/33/35 M).
2. R: 1 M überspr, 27/31/33 fM, 1 Km (= 28/32/34 M).
3. R: 1 M überspr, 27/31/33 fM (= 27/31/33 M).
4.–10./12./13. R: 1 fM in jede M der Vor-R (= 27/31/33 M).
Faden sichern und abschneiden. Schlingen Sie nun den Faden in Gold an der 1. M der 1. R des Schaftes neu an und häkeln Sie 1 fM in jedes R-Ende. Häkeln Sie dann am oberen Rand des Schaftes je 1 Relief-M vorne in jede M der 10./12./13. R. Danach häkeln Sie wieder je 1 fM in jedes R-Ende bis hinunter zur letzten M der 1. R des Schaftes. Mit 1 zusätzlichen Km in die letzte M abschließen. Faden sichern und abschneiden.

LASCHE

1. R: Schlingen Sie den Faden am hinteren M-Glied der 13./15./16. M der 10. Rd neu an. Nur in das hintere M-Glied: 2 fM, in beide M-Glieder: 2 fM, 3 M zus häkeln, 2 fM, nur in das hintere M-Glied: 2 fM (= 9 M).
2.–6. R: 1 fM in jede M der Vor-R (= 9 M).
7. R: 1 M zun, 7 fM, 1 M zun (= 11 M).
8. und 9. R: 1 fM in jede M der Vor-R (= 11 M).
10. R: 1 M zun, 9 fM, 1 M zun (= 13 M).
11./11.–13./11.–14. R: 1 fM in jede M der Vor-R (= 13 M).
Faden sichern und abschneiden.

SCHNÜRSENKEL

Nehmen Sie das goldfarbene und das schwarze Garn zur Hand und schlagen Sie 90/110/110 Lm an. Fäden sichern und so kurz wie möglich abschneiden.
Fädeln Sie die Schnürsenkel vorsichtig durch die Seitenränder des Schaftes.

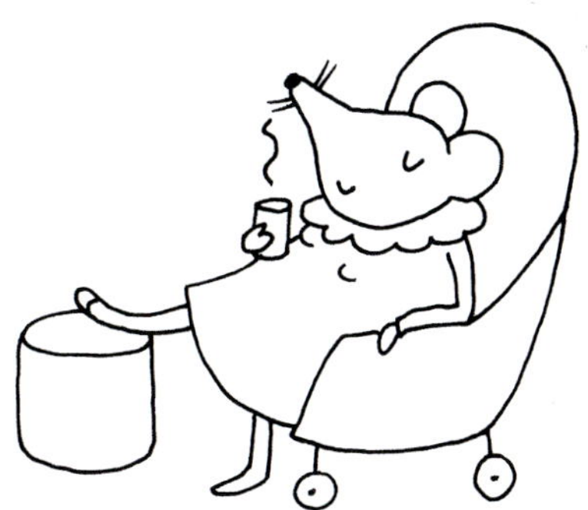

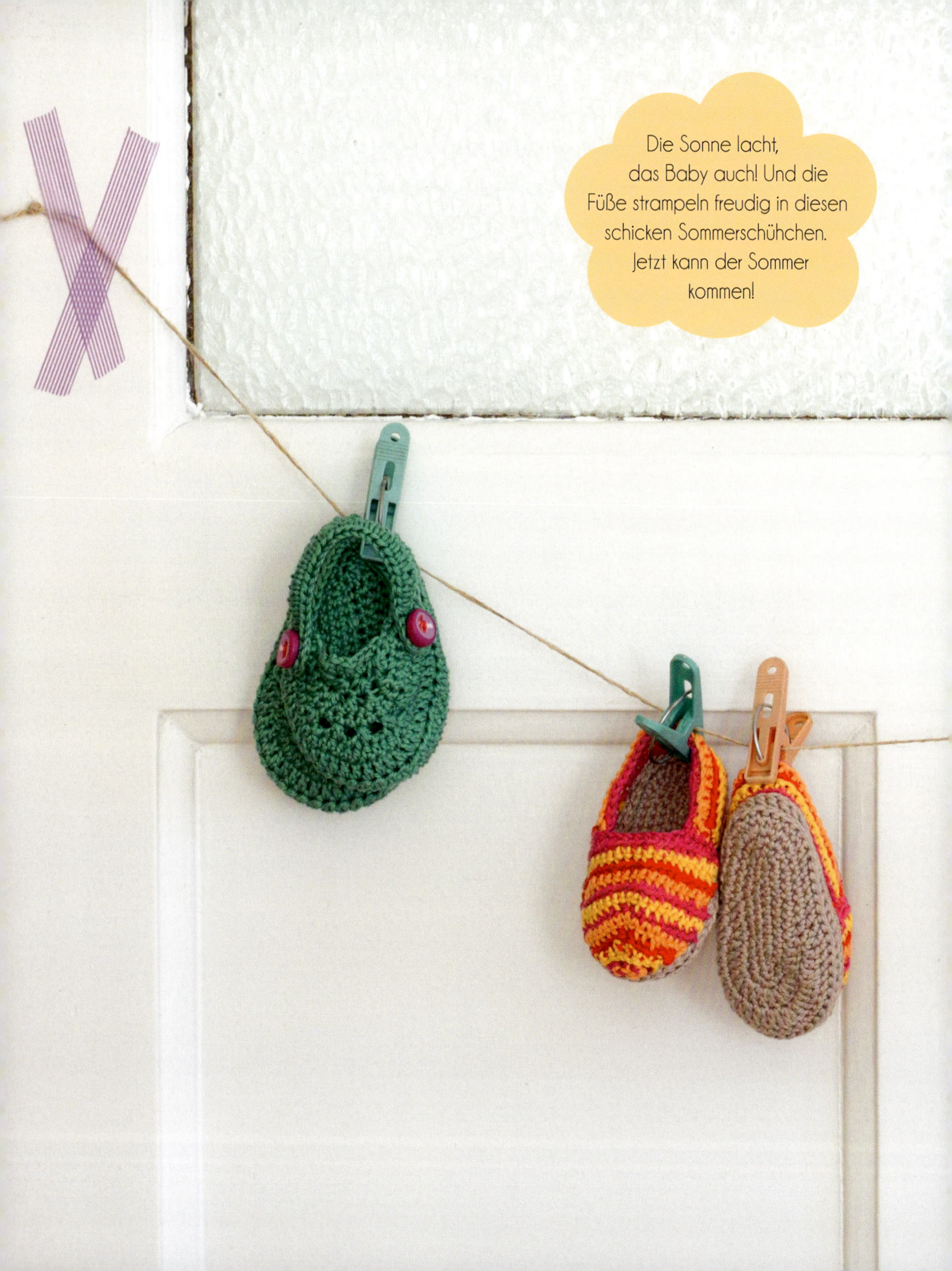
Die Sonne lacht,
das Baby auch! Und die
Füße strampeln freudig in diesen
schicken Sommerschühchen.
Jetzt kann der Sommer
kommen!

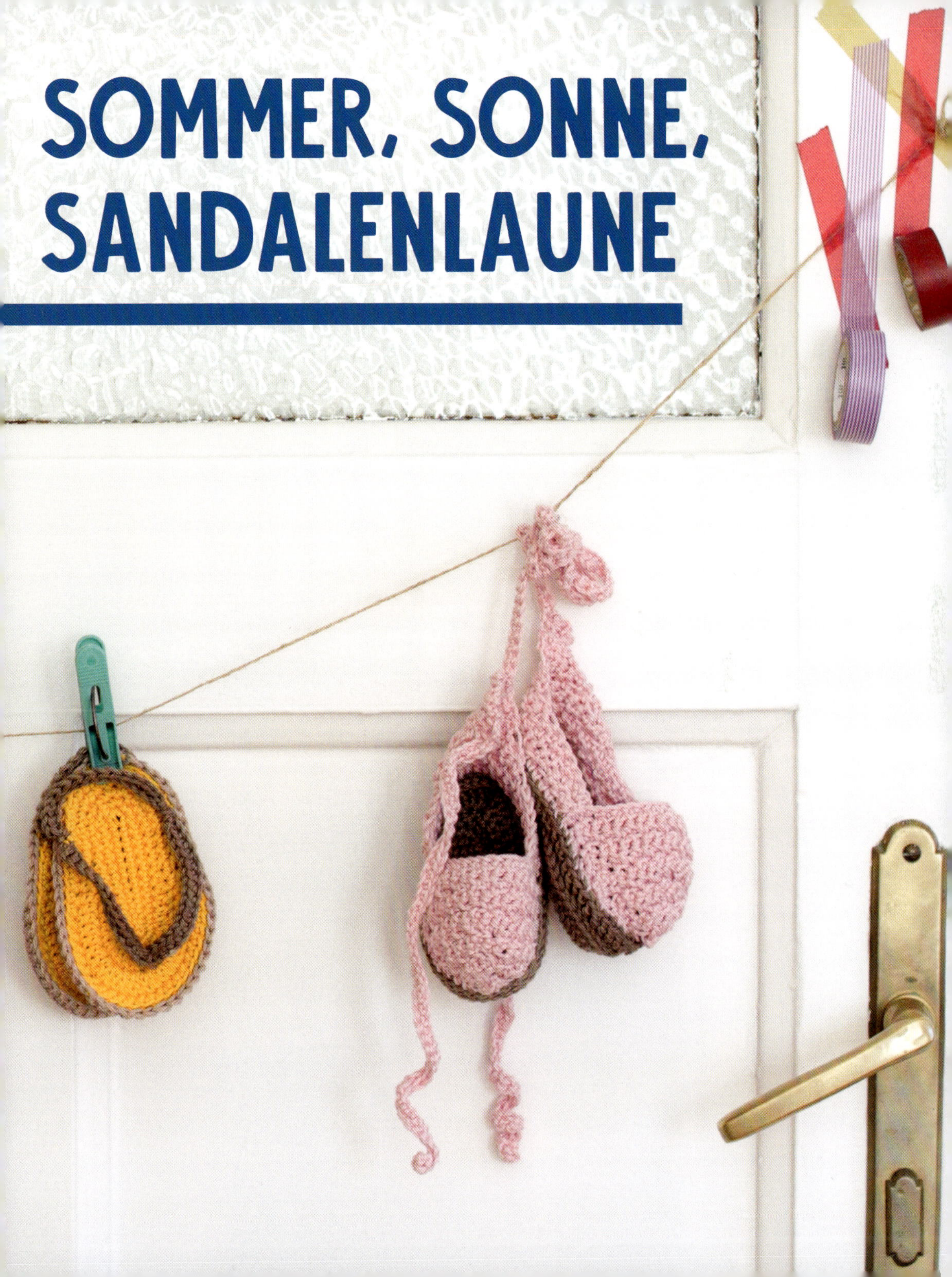

SOMMER, SONNE, SANDALENLAUNE

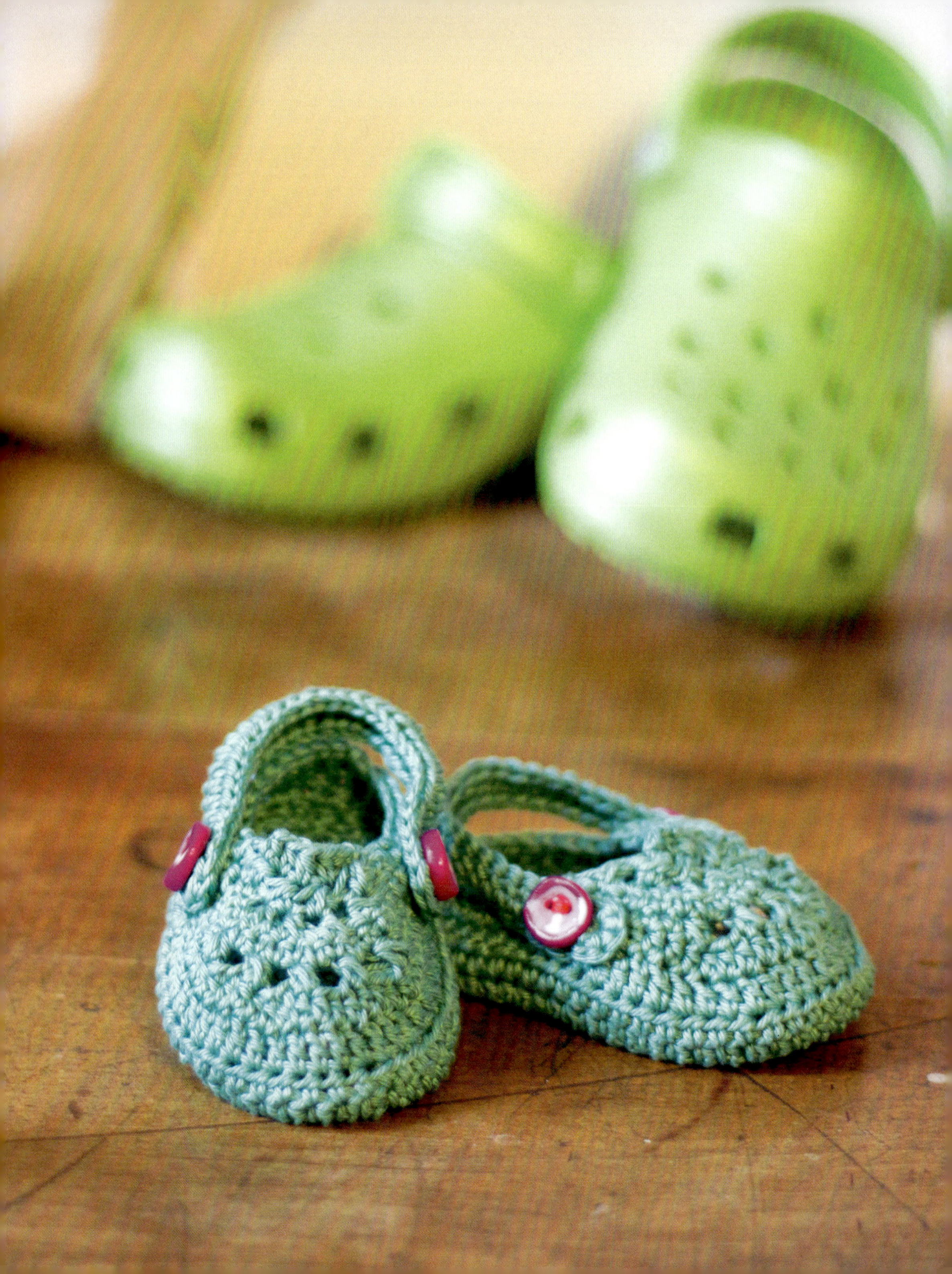

GARTENSCHUHE

Diese bequemen Schuhe eignen sich stets für einen legeren Auftritt im sportlichen Look, ob im Haus, am Strand oder bei der Gartenarbeit.

Material

Häkelnadel 2,5 mm
Schachenmayr original Catania (LL 125m/50g) in Golfgrün (Fb 241), 50 g,
4 Knöpfe (z.B. mit Fliegenpilzmotiv), ⌀ 15 mm
Nähgarn in passender Farbe zum Knopf

So wird's gemacht:

Für ein Schühchen
Häkeln Sie in Golfgrün eine Sohle nach der Grundanleitung in der gewünschten Größe und häkeln Sie dann wie folgt weiter:

1. R: Nur in das hintere M-Glied: 1 hStb in jede M der Vor-Rd (= 51/55/57 M). 1 Lm und Arbeit wenden.
2. R: 1 hStb in jede M der Vor-Rd (= 51/55/57 M).
1 Lm und Arbeit wenden.
3. R: 11/13/14 fM, 25 Stb, 15/17/18 fM (= 51/55/57 M).
Arbeit nicht wenden.
4. R: 1 hStb in jede M der Vor-R (= 51/55/57 M).
Faden sichern und abschneiden.

Es wird nun ausschließlich in R weitergehäkelt. Am Ende der R 1 Lm häkeln und die Arbeit wenden.

Schlingen Sie den Faden in Golfgrün an der 8./10./11. M der 3. R neu an:

1. R: 8 fM, * 2 hStb zushäkeln, 1 Lm, 2 M überspr *, von * bis * noch 3x wdh, 2 hStb zushäkeln, 8 fM (= 25 M).
2. R: 2x 1 M abn, 4 fM, 1 fM in die Lm-Kette, * 1 fM, 1 fM in die Lm-Kette *, von * bis * noch 2x wdh, 6 fM, 2x 1 M abn (= 21 M).
3. R: 1 M abn, 2 fM, * 1 M überspr, 2 hStb zushäkeln *, von * bis * noch 3x wdh, 1 M überspr, 2 fM, 1 M abn (= 10 M).
4. R: 5x 1 M abn (= 5 M).
5. R: 1 hStb in jede M der Vor-R (= 5 M).
Faden sichern und abschneiden.

Riemen

Schlagen Sie in in Golfgrün 31/33/34 Lm an. 1 fM in die 2. Lm von der Nd aus gesehen, je 1 fM in die nächsten 28/30/31 Lm, 5 fM in die letzte Lm. Häkeln Sie nun auf der anderen Seite der Lm-Kette weiter: 28/30/31 fM, 4 fM in dieselbe M, in die Sie zu Beginn die erste fM gehäkelt haben. Schließen Sie die Rd mit 1 Km in die erste M der Rd (= 66/70/72 M).

Nähen Sie die Enden des Riemens jeweils links und rechts am Schuh mit einem Knopf an.

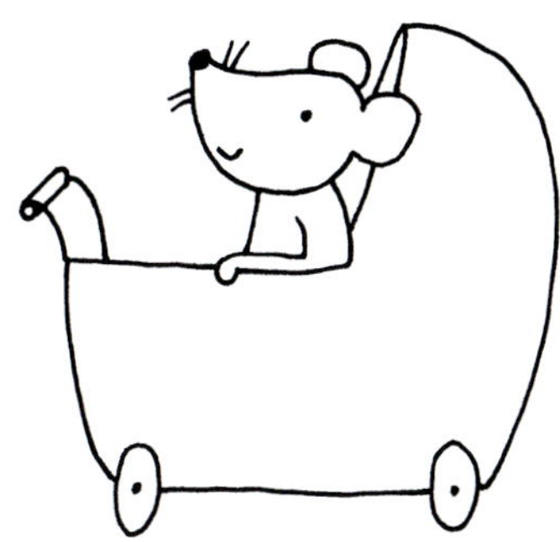

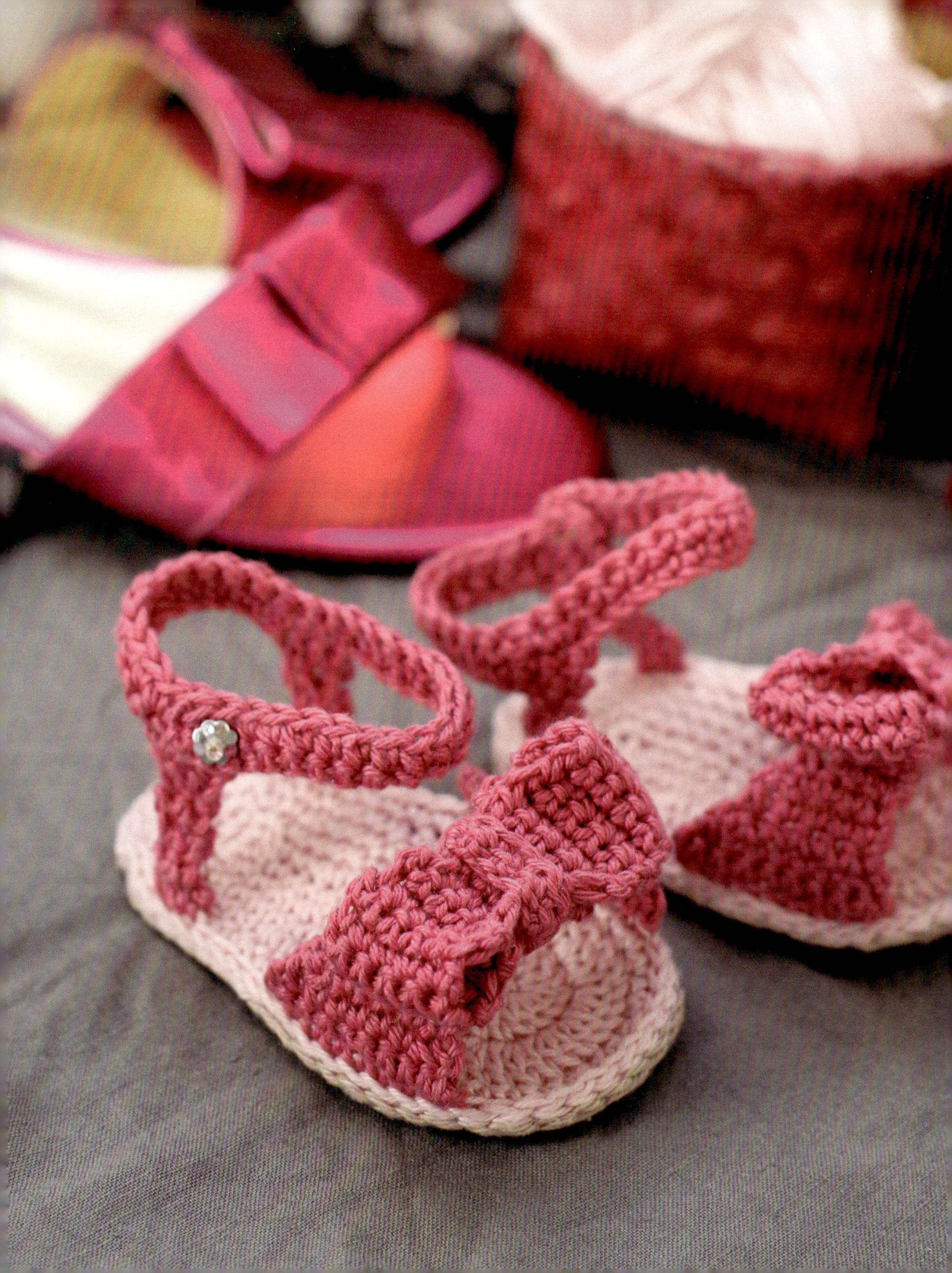

Riemchensandalen

Für herrlich warme Sommertage häkeln Sie Ihrem Schatz doch diese wunderbar luftigen Sandalen!

Material

Häkelnadel 2,5 mm
Schachenmayr original Catania (LL 125m/50g) in Bast (Fb 257), Rosa (Fb 246) und Fresie (Fb 251), je 50 g, 2 Rocaille-Perlen in Rosa, ⌀ 2 mm, 2 Nieten (vorzugsweise in Blümchenform), ⌀ 7 mm Nähnadel und Nähgarn in Rosa

So wird's gemacht:

Für ein Schühchen
Häkeln Sie je 1 Sohle nach der Grundanleitung in Rosa und in Bast. Legen Sie die Sohlen links auf links aufeinander. Halten Sie die Arbeit so, dass Sie von oben auf die rosafarbene Sohle blicken, und häkeln Sie nun beide Sohlen in Rosa mit 1 Rd Km zusammen (51/55/57 M).

Vorderer Teil der Sandale

Zählen Sie die M der letzten rosafarbenen Rd bis zur 18./20./21. M ab, wenden Sie die Arbeit und schlingen Sie nun den Faden in Fresie am hinteren M-Glied dieser besagten M neu an. Es wird nun in R weitergehäkelt. Am Ende jeder R 1 Lm häkeln und die Arbeit wenden.

1. R: 1 fM in dieselbe M, in der Sie angeschlungen haben, je 1 fM in die nächsten 8/8/9 M (= 9/9/10 M).
2. R: 1 fM in jede M der Vor-R (= 9/9/10 M).
3. R: 1 M abn, 5/5/6 fM, 1 M abn (= 7/7/8 M).
4. R: 1 M abn, 5/5/6 fM (= 6/6/7 M).
5. R: 4/4/5 fM, 1 M abn (= 5/5/6 M).
6. R: 1 fM in jede M der Vor-R (= 5/5/6 M).
7. R: 3/3/4 fM, 1 M abn (= 4/4/5 M).
8.–10. R: 1 fM in jede M der Vor-R (= 4/4/5 M).
11. R: 3/3/4 fM, 1 M zun (= 5/5/6 M).
12. R: 1 fM in jede M der Vor-R (= 5/5/6 M).
13. R: 4/4/5 fM, 1 M zun (= 6/6/7 M).
14. R: 1 M zun, 5/5/6 fM (= 7/7/8 M).
15. R: 1 M zun, 5/5/6 fM, 1 M zun (= 9/9/10 M).
16. und 17. R: 1 fM in jede M der Vor-R (= 9/9/10 M).
Legen Sie die Arbeit jetzt so zusammen, dass die 1. M der 17. R auf der 29./31./32. M der letzten rosafarbenen Rd der Sohle aufliegt und häkeln Sie die beiden Teile mit 9/9/10 Km in Fresie zusammen.

Schleife

Es wird in R gehäkelt. Am Ende jeder R 1 Lm häkeln und die Arbeit wenden.

Teil 1
1. R: Schlagen Sie in Fresie 6 Lm an. Häkeln Sie 1 fM in die 2. Lm von der Nd aus gesehen, je 1 fM in die restlichen 4 Lm (= 5 M).
2.–28. R: 1 fM in jede M der Vor-R (= 5 M).
Häkeln Sie die erste und letzte R mit Km zusammen. Faden sichern und abschneiden.

Teil 2
1. R: Schlagen Sie in Fresie 11 Lm an. Häkeln Sie 1 fM in die 2. Lm von der Nd aus gesehen, je 1 fM in die restlichen 9 Lm (= 10 M).
2. R: 1 fM in jede M der Vor-R = 10 M).
Faden sichern und lang abschneiden. Wickeln Sie Teil 2 mittig um Teil 1, sodass eine Schleife entsteht, und nähen Sie in Fresie erst die Enden von Teil 2 mit Überwendlingsstichen zusammen und nähen Sie danach die Schleife mittig auf den vorderen Teil der Sandale.

Hinterer Teil der Sandale (Riemchen)

Rechtes Schühchen

Es wird in R gehäkelt. Am Ende jeder R 1 Lm häkeln und die Arbeit wenden!
Zählen Sie die M der letzten rosafarbenen Rd bis zur 43./47./49. M ab, wenden Sie die Arbeit und schlingen Sie nun den Faden in Fresie am hinteren M-Glied dieser besagten M neu an.

Linkes Riemchen (A)
1. R: fM in dieselbe M, in der Sie angeschlungen haben, 1 fM in die nächste M (= 2 M).
2.–5. R: 1 fM in jede M der Vor-R (= 2 M).
6. R: 1 M zun, 1 fM (= 3 M). Faden sichern und abschneiden. Zählen Sie die M der letzten rosafarbenen Rd bis zur 5. M ab, wenden Sie die Arbeit und schlingen Sie nun den Faden in Fresie am hinteren M-Glied dieser besagten M neu an.

Rechtes Riemchen und Knöchelriemchen (B)
1. R: fM in dieselbe M, in der Sie angeschlungen haben, 1 fM in die nächste M (= 2 M).
2.–5. R: 1 fM in jede M der Vor-R (= 2 M)
6. R: 1 fM, 1 M zun (= 3 M).
7. R: 2 fM, 1 M zun (= 4 M). Faden nicht abschneiden, sondern wie folgt weiterhäkeln: 9 Lm, * 1 M zun, 2 fM * (von * bis * in die letzte R von A), 20/22/24 Lm.
8. R: 1 fM in die 2. Lm von der Nd aus gesehen, je 1 fM in die nächsten 18/20/22 Lm, 4 fM in die letzte R von (A), 9 fM in die Lm-Kette, 4 fM in die letzte R von (B). 1 Lm und Arbeit wenden.
9. R: 1 fM, 1 M abn, 11 fM, 1 M abn, 18/20/22 fM, 1 M abn.
Faden sichern und abschneiden.

Linkes Schühchen

Es wird in R gehäkelt. Am Ende jeder R 1 Lm häkeln und die Arbeit wenden!
Zählen Sie die M der letzten rosafarbenen Rd bis zur 5. M ab, wenden Sie die Arbeit und schlingen Sie nun den Faden in Fresie am hinteren M-Glied dieser besagten M neu an.

Rechtes Riemchen (A)
1. R: fM in dieselbe M, in der Sie angeschlungen haben, 1 fM in die nächste M (= 2 M).
2.–5. R: 1 fM in jede M der Vor-R (= 2 M).
6. R: 1 fM, 1 M zun (= 3 M).
Faden sichern und abschneiden.
Zählen Sie die M der letzten rosafarbenen Rd bis zur 43./47./49. M ab, wenden Sie die Arbeit und schlingen Sie nun den Faden in Fresie am hinteren M-Glied dieser besagten M neu an.

Linkes Riemchen und Knöchelriemchen (B)
1. R: 1 fM in dieselbe M, in der Sie angeschlungen haben, 1 fM in die nächste M (= 2 M).
2.–5. R: 1 fM in jede M der Vor-R (= 2 M).
6. R: 1 M zun, 1 fM (= 3 M).
7. R: 1 M zun, 2 fM (= 4 M).
Faden sichern und abschneiden, Arbeit wenden und den Faden an der letzten M der R neu anschlingen, dann wie folgt weiterhäkeln:

1. R: 9 Lm, * 1 M zun, 2 fM * (von * bis * in die letzte R von A), 20/22/24 Lm.
2. R: 1 fM in die 2. Lm von der Nd aus gesehen, je 1 fM in die nächsten 18/20/22 Lm, 4 fM in die letzte R von (A), 9 fM in die Lm-Kette, 4 fM in die letzte Reihe von (B). 1 Lm und Arbeit wenden.
3. R: 1 fM, 1 M abn, 11 fM, 1 M abn, 18/20/22 fM, 1 M abn.
Faden sichern und abschneiden.
Nähen Sie das lose Ende des Riemchens mit feinem rosa Nähgarn mit einigen Stichen am anderen Ende des Riemchens fest. Verzieren Sie den „Verschluss" zusätzlich mit einer Niete. Stechen Sie dafür mit der Nd und Faden von hinten durch das gehäkelte Riemchen, dann durch die Öffnung der Niete und dann durch eine Rocailleperle. Danach stechen Sie die Nd wieder durch die Niete und das Riemchen. Knoten Sie den Faden fest und versäubern Sie den Fadenrest.

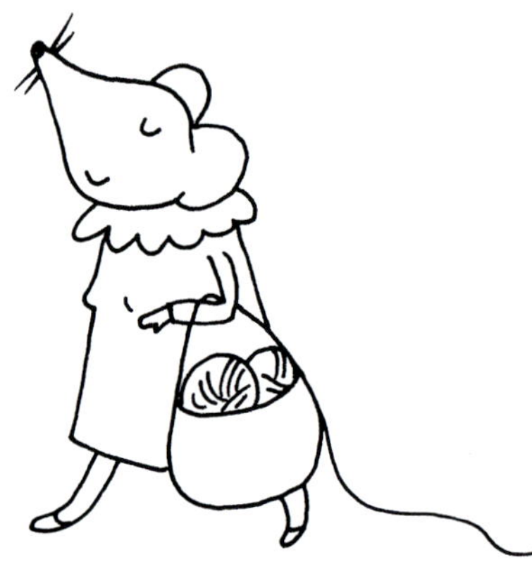

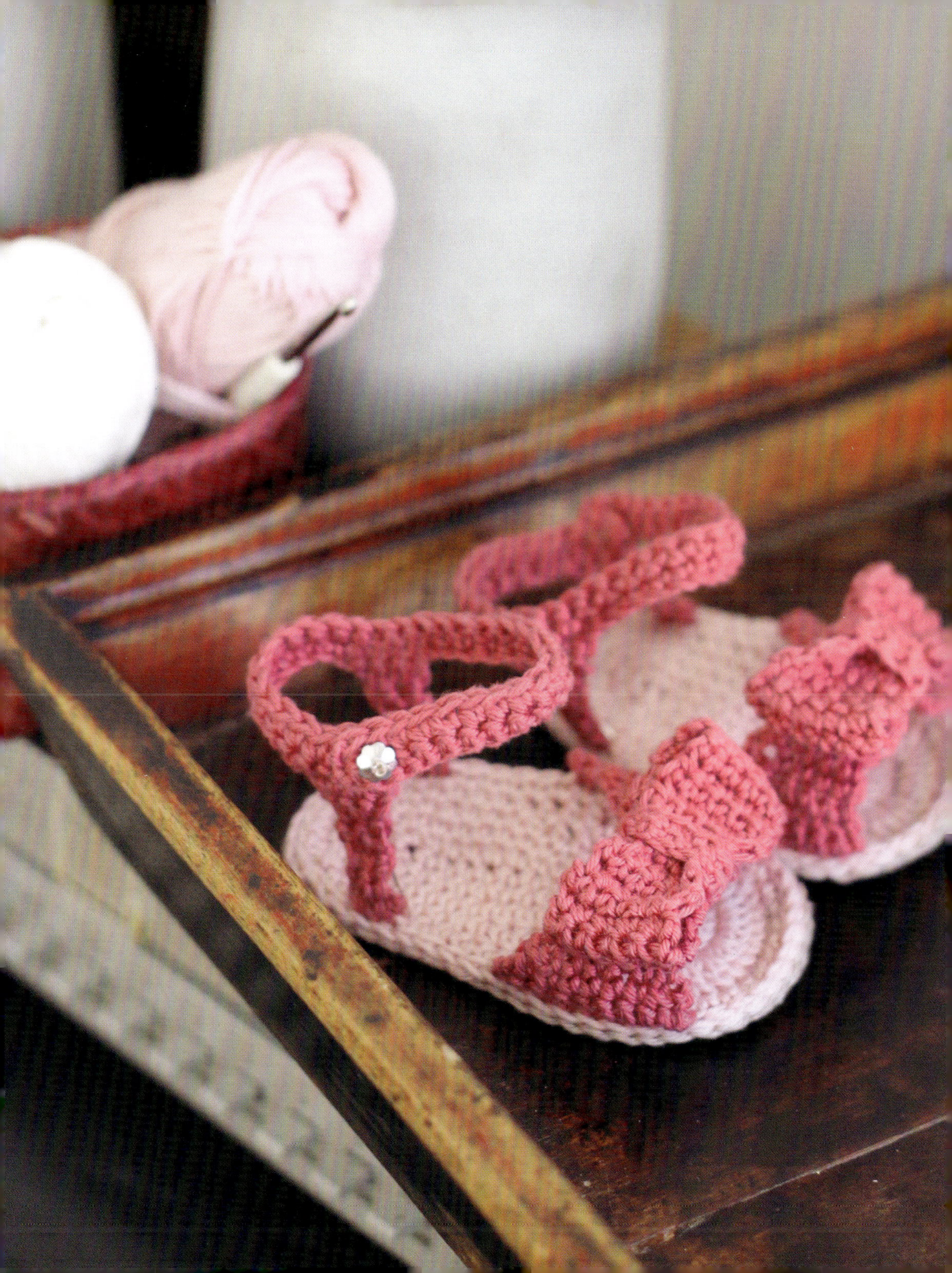

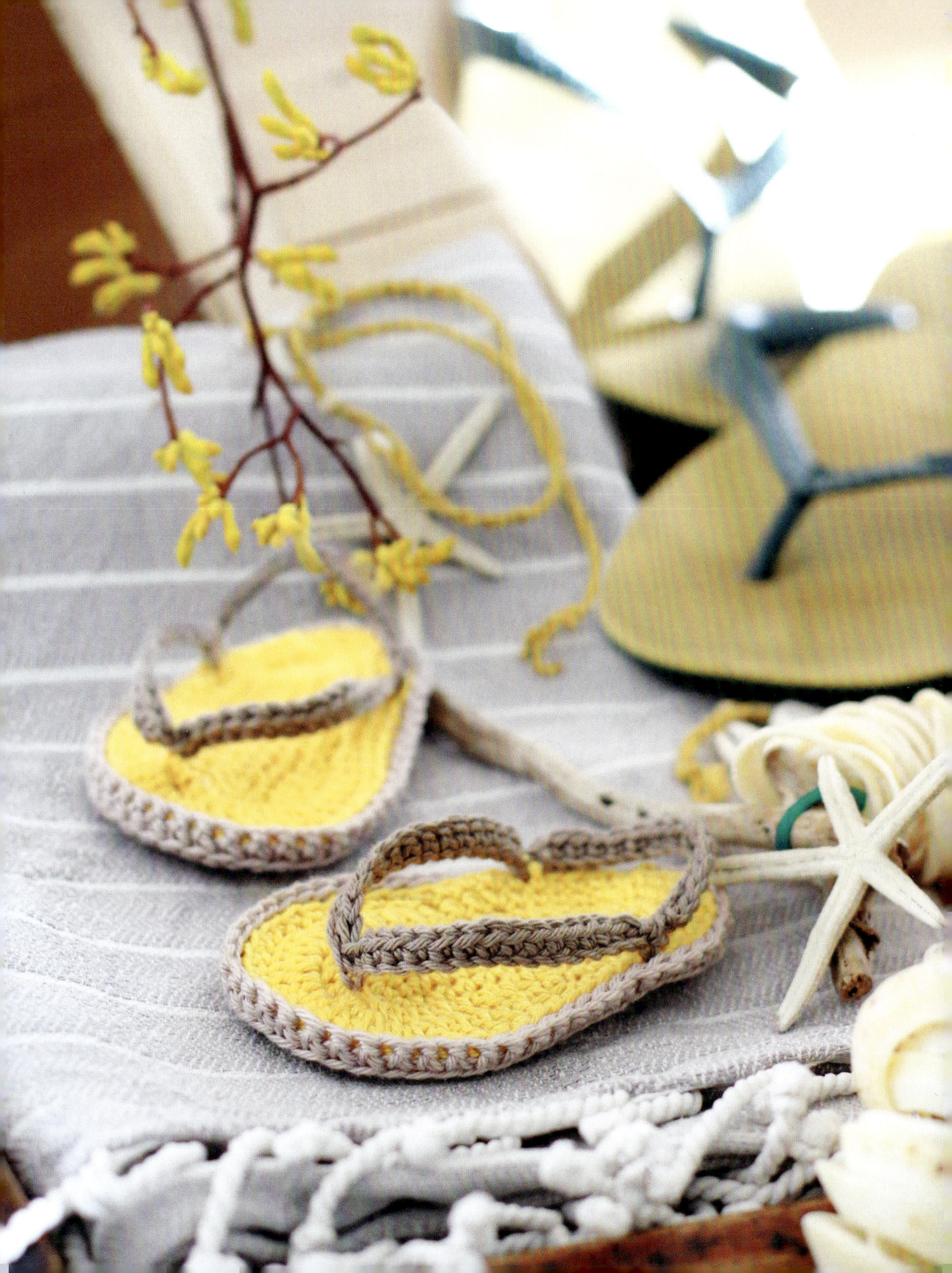

FLIP-FLOPS

FLIP-FLOPS SIND DAS ULTIMATIVE SOMMERACCESSOIRE! WARUM NICHT AUCH FÜR UNSERE KLEINSTEN? DIESE SCHÜHCHEN PASSEN IDEAL ZUM SOMMERKLEID.

MATERIAL

Häkelnadel 2,5 mm
Schachenmayr original Catania (LL 125m/50g) in Bast (Fb 257), Sonne (Fb 208) und Taupe (Fb 254), je 50 g

SO WIRD'S GEMACHT:

Für ein Schühchen
Häkeln Sie je 1 Sohle in Bast und in Sonne nach der Grundanleitung. Legen Sie die Sohlen links auf links zusammen und häkeln Sie diese mit 1 Rd fM in Bast zusammen, während die sonnenfarbene Sohle zu Ihnen zeigt. Stechen Sie dabei nur in das hintere M-Glied der sonnenfarbenen und nur in das vordere M-Glied der bastfarbenen Sohle. Schließen Sie die Rd mit 1 Km in die erste M der Rd. Faden sichern und abschneiden.

Schlingen Sie den Faden in Taupe am vorderen M-Glied der 5. M der letzten Rd der sonnengelben Sohle neu an und häkeln sie wie folgt weiter:

1. R: 15/17/18 Lm, 1 Km in die 16./18./19. M (linkes Schühchen, für das rechte Schühchen: in die 21./23./24. M) der 3. Rd der sonnenfarbenen Sohle, 15/17/18 Lm, 1 Km in die 42./46./48. M der letzten Rd, 12 Lm, 1 Km in dieselbe M, in der Sie zu Beginn der Rd den Faden neu angeschlungen haben. 1 Lm und Arbeit wenden.
2. R: 1 fM in jede Lm der Vor-R, 1 Km in die Km der Vor-R, 1 fM in jede weitere Lm der Vor-R, 1 Km in die Km der Vor-R, 1 fM in jede Lm der Vor-R. 1 Km in die erste M der R.
Faden sichern und abschneiden.

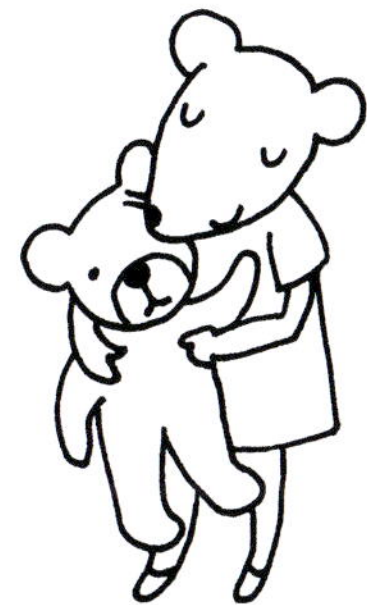

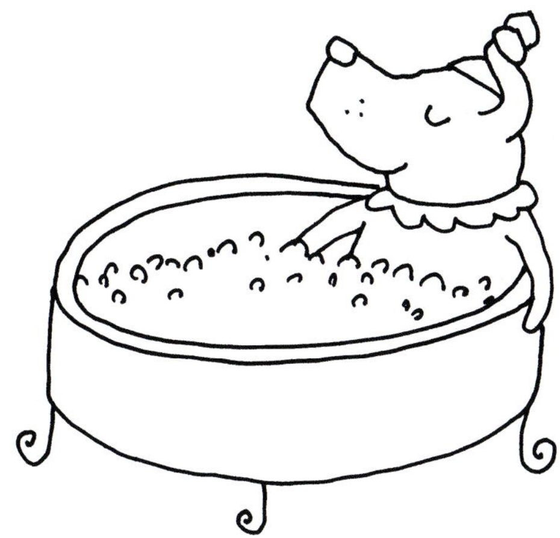

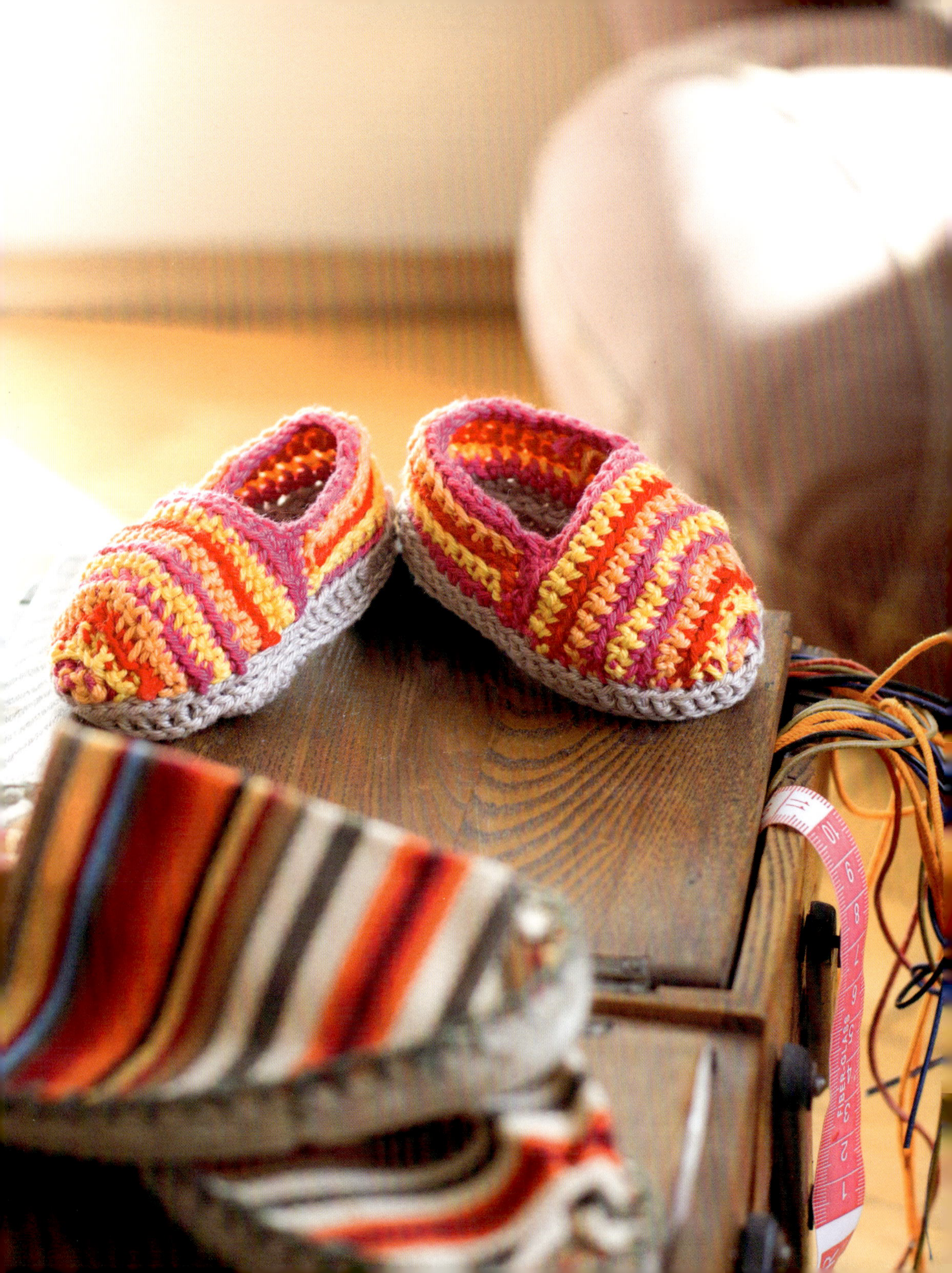

ESPADRILLES

Dieses leichte Schuhwerk eignet sich für Sie und Ihn gleichermaßen. Häkeln Sie Ihrem Liebling gleich ein ganzes Sortiment dieser angesagten Strandläufer, ob unifarben oder gestreift.

Material

Häkelnadel 2,5 mm
Schachenmayr Catania (LL 125 m/50 g) in Bast (Fb 257), Sonne (Fb 208), Cyclam (Fb 114), Signalrot (Fb 115) und Mandarine (Fb 209), je 50 g

So wird's gemacht:

Für ein Schühchen

Häkeln Sie in Bast eine Sohle nach der Grundanleitung und häkeln Sie wie folgt in Rd weiter:

1. Rd: 1 Relief-M hinten in jede M der Vor-Rd (= 51/55/57 M).
2. Rd: 1 Relief-Stb vorne in jede M der Vor-Rd (= 51/55/57 M).
Faden sichern und abschneiden.
Schlingen Sie den Faden in Cyclam an der 37./41./43. M der Vor-Rd neu an. Es wird in R weitergehäkelt. Am Ende jeder R 1 Lm häkeln und die Arbeit wenden.

1. R: Nur in das hintere M-Glied häkeln: Je 1 fM in die nächsten 25 M (= 25 M).
Fb-Wechsel zu Sonne.
2. R: Nur in das vordere M-Glied häkeln: 1 fM in jede M der Vor-R (= 25 M). Fb-Wechsel zu Signalrot.
3. R: Nur in das hintere M-Glied häkeln: 1 fM in jede M der Vor-R (= 25 M).
Fb-Wechsel zu Mandarine.
4. R: Nur in das vordere M-Glied häkeln: 1 fM in jede M der Vor-R (= 25 M).
Fb-Wechsel zu Cyclam.
5. R: Nur in das hintere M-Glied häkeln: 1 fM in jede M der Vor-R (= 25 M).
Faden sichern und abschneiden.

Schuhvorderteil

Es wird in R gehäkelt. Am Ende jeder R 1 Lm und die Arbeit wenden.

0–3 Monate

1. R (Oberseite): Schlagen Sie in Cyclam 21 Lm an. Häkeln Sie 1 fM in die 2. Lm von der Nd aus gesehen und je 1 fM in die restlichen 19 Lm (= 20 M).
Fb-Wechsel zu Sonne.
2. R: nur in das vordere M-Glied häkeln: 1 fM in jede M der Vor-R (= 20 M).
Fb-Wechsel zu Signalrot.
3. R: 1 fM in jede M der Vor-R (= 20 M).
Fb-Wechsel zu Mandarine.
4. R: Nur in das vordere M-Glied häkeln: 1 fM in jede M der Vor-R (= 20 M).
Fb-Wechsel zu Cyclam.
5. R: 1 fM in jede M der Vor-R (= 20 M).
Fb-Wechsel zu Sonne.
6. R: nur in das vordere M-Glied häkeln: 1 fM in jede M der Vor-R (= 20 M).
Fb-Wechsel zu Cyclam.
7. R: 1 M abn, 6 fM, 2x 1 M abn, 6 fM, 1 M abn (= 16 M).
Fb-Wechsel zu Mandarine.
8. R: Nur in das vordere M-Glied häkeln: 1 fM in jede M der Vor-R (= 16 M).
Fb-Wechsel zu Signalrot.
9. R: 1 M abn, 4 fM, 2x 1 M abn, 4 fM, 1 M abn (= 12 M).
Fb-Wechsel zu Sonne.
10. R: Nur in das vordere M-Glied häkeln: 1 M abn, 2 fM, 2x 1 M abn, 2 fM, 1 M abn (= 8 M).
Fb-Wechsel zu Cyclam.
11. R: Nur in das hintere M-Glied häkeln: 4x 1 M abn (= 4 M).
Fb-Wechsel zu Mandarine.
12. R: nur in das vordere M-Glied häkeln: 2x 1 M abn (= 2 M).
Faden sichern und abschneiden.

3–6 Monate

1. R (Oberseite): Schlagen Sie in Signalrot 21 Lm an. Häkeln Sie 1 fM in die 2. Lm von der Nd aus gesehen und je 1 fM in die restlichen 19 Lm (= 20 M).
Fb-Wechsel zu Mandarine.
2. R: Nur in das vordere M-Glied häkeln: 1 fM in jede M der Vor-R (= 20 M).
Fb-Wechsel zu Cyclam.
3. R: 1 fM in jede M der Vor-R. (= 20 M)
Fb-Wechsel zu Sonne.
4.–14. R: Häkeln Sie die R 2 bis 12 der Anleitung zur Größe 0-3 Monate.
Faden sichern und abschneiden.

6–9 Monate

1. R (Unterseite): Schlagen Sie in Sonne 21 Lm an. Häkeln Sie 1 fM in die 2. Lm von der Nd aus gesehen und je 1 fM in die restlichen 19 Lm (= 20 M).
Fb-Wechsel zu Signalrot.
2. R: 1 fM in jede M der Vor-R (= 20 M).
Fb-Wechsel zu Mandarine.
3. R: Nur in das vordere M-Glied häkeln: 1 fM in jede M der Vor-R (= 20 M).
Fb-Wechsel zu Cyclam.
4. R: fM in jede M der Vor-R (= 20 M).
Fb-Wechsel zu Sonne.
5.–15. R: Häkeln Sie die R 2 bis 12 der Anleitung zur Größe 0-3 Monate.
Faden sichern und abschneiden.
Legen Sie das Vorderteil auf das Schühchen, sodass sich die letzte R an der Spitze befindet, und nähen Sie das Vorderteil mit Matratzenstichen an den verbliebenen 26/30/32 M der 2. Rd an. (Dabei nähen Sie je 1 M der 2. Rd des Schühchens mit entweder 1 R-Ende des Vorderteils oder 1 M der letzten R zusammen.)

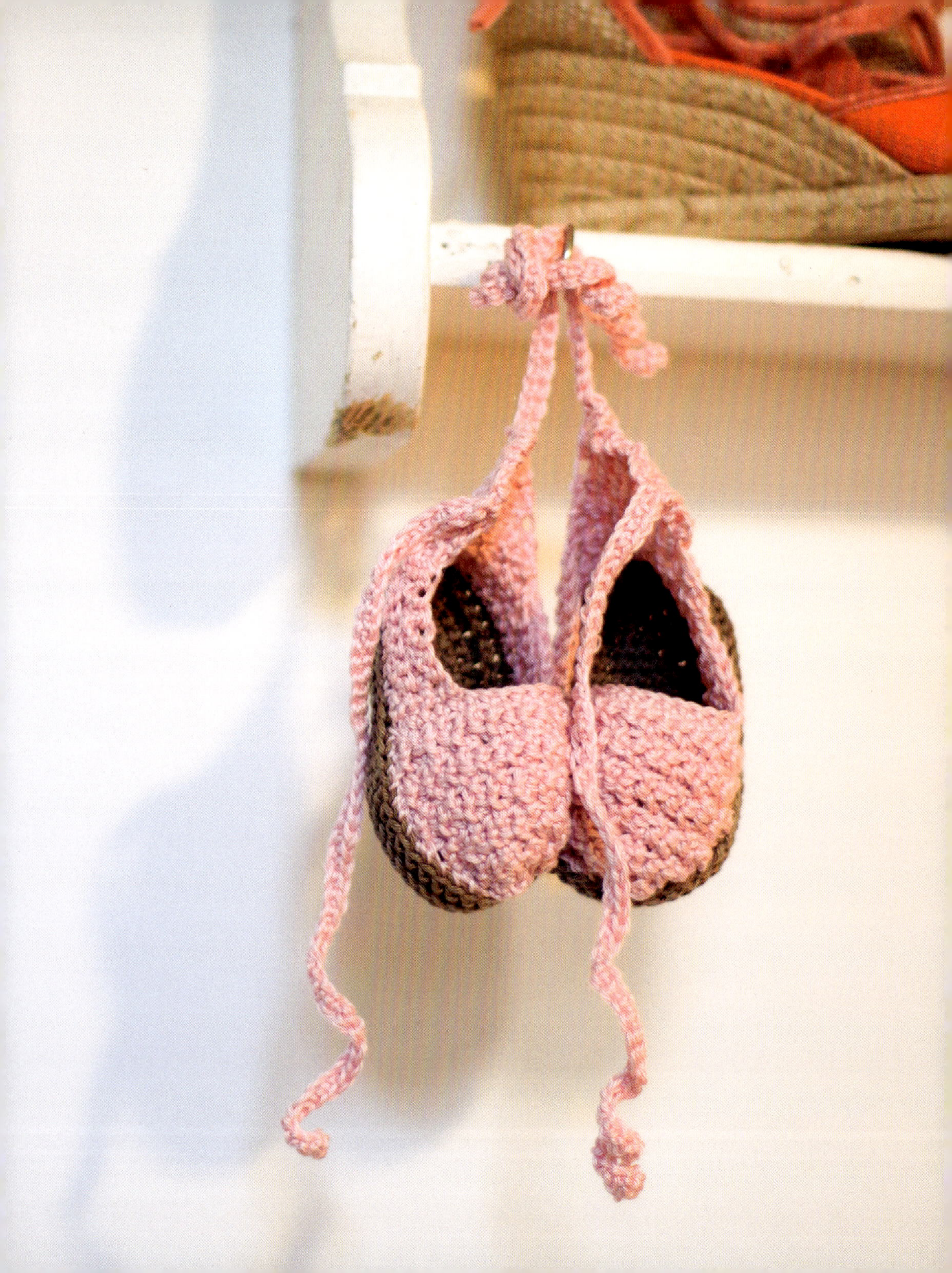

KEILSANDALETTE

WAS MAMA TRÄGT, WILL ICH AUCH! DIESES SCHICKE SCHUHWERK EIGNET SICH PERFEKT FÜR DEN MAMA-BABY-PARTNERLOOK. FÜR DIE KLEINEN NATÜRLICH OHNE ABSATZ.

MATERIAL

Häkelnadel 2,5 mm
Schachenmayr original Catania (LL 125 m/50 g) in Taupe (Fb 254) und Rosa (Fb 246), je 50 g

SO WIRD'S GEMACHT:

Für ein Schühchen

Häkeln Sie in Taupe eine Sohle nach der Grundanleitung und häkeln Sie in Rd weiter. Achten Sie dabei darauf, dass Sie (außer in der 1. und 2. Rd und der 1. R in Rosa) durchgehend abwechselnd nur in das hintere M-Glied und dann in der nächsten M nur in das vordere M-Glied häkeln. Das gilt auch für die Abnahmen. In der Rück-R beginnen Sie jeweils mit dem anderen M-Glied, d.h., wenn Sie in der letzten M einer R ins hintere M-Glied einstechen, dann häkeln Sie in der Rück-R in der ersten M nur in das vordere M-Glied und umgekehrt.
Bsp: Bei 1 M der 2 zusammenzuhäkelnden M ins hintere M-Glied einstechen und bei der zweiten M ins vordere einstechen!
1. Rd: 1 Relief-M hinten in jede M der Vor-Rd (= 51/55/57 M).
2. Rd: 1 Relief-M vorne in jede M der Vor-Rd (= 51/55/57 M).
Faden sichern und abschneiden. Schlingen Sie den Faden in Rosa an der 37./41./43. M der Vor-Rd neu an.
Es wird in R weitergehäkelt. Am Ende jeder R 1 Lm häkeln und die Arbeit wenden.

1. R: Nur in das hintere M-Glied häkeln: Je 1 fM in die nächsten 25 M (= 25 M).
2.–4. R: 1 fM in jede M der Vor-R (= 25 M).
Faden sichern und abschneiden. Schlingen Sie den Faden am vorderen M-Glied der 19. M der letzten R neu an. 1 Lm und die Arbeit wenden.
5. R: 1 M abn, 9 fM, 1 M abn (= 11 M). Die restlichen M bleiben unbehäkelt.
6. R: 1 M abn, 7 fM, 1 M abn (= 9 M).
7. und 8. R: 1 fM in jede M der Vor-R (= 9 M).
9. R: 1 M abn, 5 fM, 1 M abn (= 7 M).
10. R: 1 fM in jede M der Vor-R (= 7 M).
11. R: * 2 Lm, 1 Km *, von * bis * noch 6x wdh.
Faden sichern und abschneiden.

BÄNDER

Schlingen Sie den Faden in Rosa an der letzten M der 10. R neu an und häkeln Sie 51 Lm, 1 fM in die 2. Lm von der Nd aus gesehen und 1 fM in jede weitere Lm. 1 Km in die 11. R. Faden sichern und abschneiden.

Schlingen Sie den Faden in Rosa an der erste M der letzten M der 11. R neu an und häkeln Sie 51 Lm, 1 fM in die 2. Lm von der Nd aus gesehen und 1 fM in jede weitere Lm. 1 Km in die 10. R.
Faden sichern und abschneiden.

SCHUHVORDERTEIL

Es wird in R gehäkelt. Am Ende jeder R 1 Lm und die Arbeit wenden. Häkeln Sie das Schuhvorderteil in der jeweiligen Größe komplett in Rosa nach der Anleitung zum Espadrille (ohne Fb-Wechsel). Achten Sie dabei darauf, dass Sie durchgehend abwechselnd nur in das hintere M-Glied und dann in der nächsten M nur in das vordere M-Glied häkeln. Das gilt auch für die Abnahmen.

Legen Sie nun das Schuhvorderteil auf das zuvor gehäkelte Schühchen, sodass sich die letzte R an der Schuhspitze befindet, und nähen Sie das Schuhvorderteil unsichtbar mit Matratzenstichen an den verbliebenen 26/30/32 M der 2. Rd an. Dabei nähen Sie je 1 M der 2. Rd des Schühchens mit entweder 1 R-Ende des Schuhvorderteils oder 1 M der letzten R zusammen.

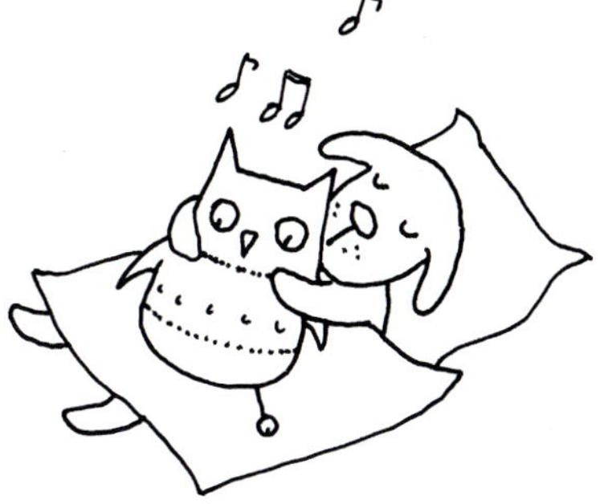

WEITERE TOLLE BÜCHER

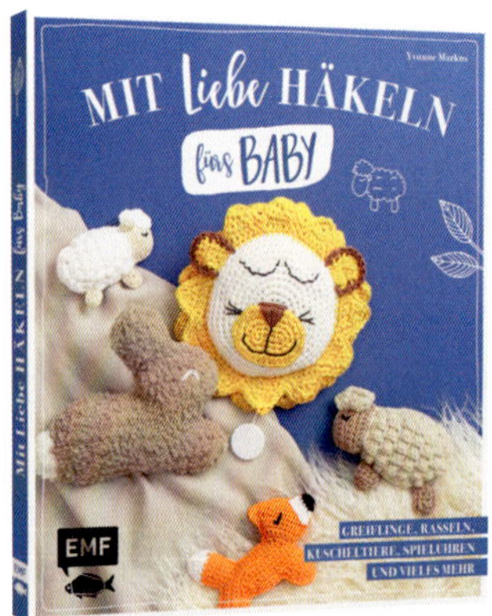

Mit Liebe häkeln fürs Baby

Kuscheltiere, Rasseln, Greiflinge, Spieluhren und vieles mehr

ISBN 978-3-7459-0357-7

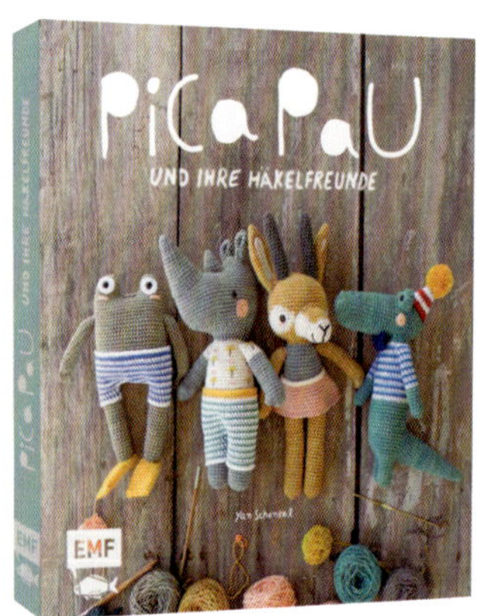

Pica Pau und ihre Häkelfreunde - Band 1

Alpaka, Panda, Otter und Co. häkeln

ISBN 978-3-86355-876-5

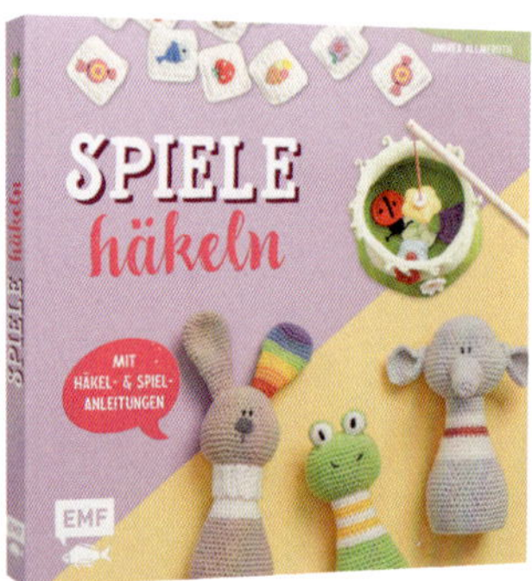

Spiele häkeln

Häkel- und Spielanleitungen – Perfekt für unterwegs – Von 0 bis 99

ISBN 978-3-7459-0045-3

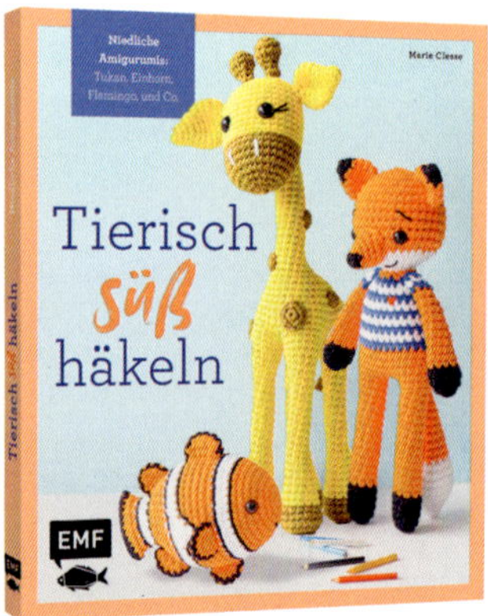

Tierisch süß häkeln

Niedliche Amigurumis: Tukan, Clownfisch, Einhorn, Flamingo, Kaktus und Co.

ISBN 978-3-7459-0420-8

DANKSAGUNG

Mein größter Dank geht an meine wundervolle Familie, allen voran mein Ehemann, der mir stets den Rücken frei hält, besonders an den arbeitsreichen Tagen. Ich danke dir für Deine Geduld mit meiner chaotischen Ader und deine Toleranz gegenüber den Garnknäueln, die sich manchmal über das ganze Haus verteilen!

Einen dicken Knutscher für jedes meiner drei bezaubernden Kinder, die mich im Notfall immer noch mit neuen Häkelideen versorgen können.

„Dankeschön" an meine Freunde, die mir mit ihrem Licht auch aus der Ferne Kraft schicken. Ihr seid immer in meinem Herzen.

Vielen Dank an Heidi von Heidis Strickbar. In deinem kleinen aber feinen Wollparadies finde ich stets das perfekte Garn für meine neuesten Projekte.

Ein herzliches Dankeschön an Charlotte May, Lena Steghöfer und Anna Zwicklbauer sowie an das gesamte Team der Edition Michael Fischer für ihre tatkräftige Unterstützung und die wundervolle Umsetzung dieses Buches.

Danke an die treuen Leser meines Blogs und Fans meiner gehäkelten Kleinigkeiten.

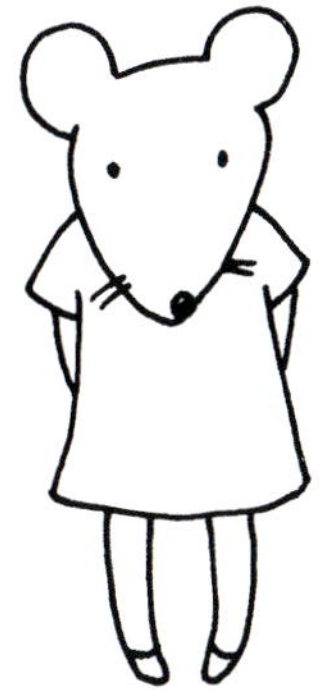

ÜBER DIE AUTORIN

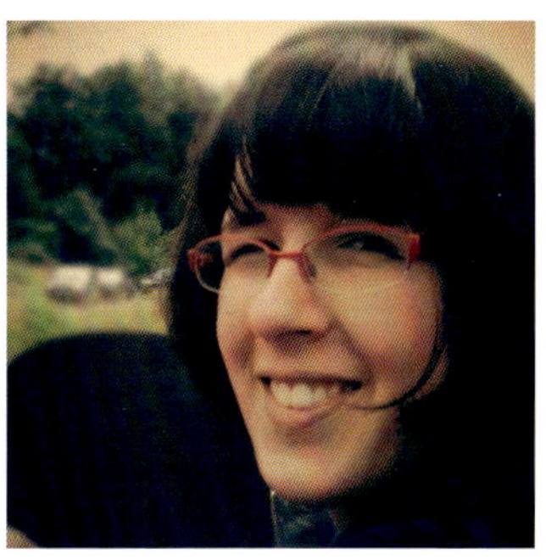

Lucia Förthmann lebt mit ihrem Mann und ihren drei Kindern vor den Toren Hamburgs. Ihre Leidenschaft für das Häkeln entdeckte sie während ihrer ersten Schwangerschaft. Seitdem kreiert sie mit Begeisterung ihre eigenen Häkelanleitungen und präsentiert die Ergebnisse in ihrem Blog „Kardiomuffelchen", der ihr die Möglichkeit gibt, ihre Liebe zur Fotografie und zum Schreiben mit dem Häkeln zu verbinden.

Bibliografische Information der Deutschen Bibliothek.

Die Deutsche Bibliothek verzeichnet diese Publikation in der Deutschen Nationalbibliografie.
Detaillierte bibliografische Daten sind im Internet über http://www.dnb.de/ abrufbar.

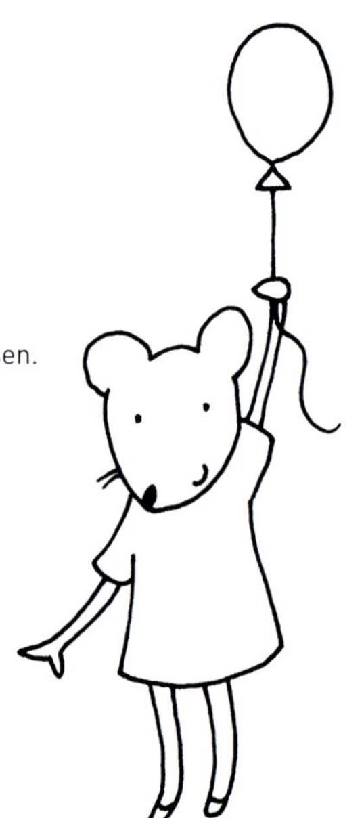

EIN BUCH DER EDITION MICHAEL FISCHER
2. Auflage 2022

Covergestaltung: Sonja Bauernfeind
Bilder: Ziska Thalhammer, München
Illustrationen: Susanne Bochem, Mainz
Redaktion und Lektorat: Charlotte May, Lena Steghöfer, Anna Saebel, Melanie Kowalski
Layout und Satz: Silvia Keller, Lara Nelles

ISBN 978-3-7459-1076-6
Gedruckt bei Polygraf Print, Čapajevova 44, 08001 Prešov, Slowakei

www.emf-verlag.de